信息与生活

光明行 系列丛书

北京市监狱管理局
北京市戒毒管理局 编著

中国政法大学出版社

2025·北京

图书在版编目（CIP）数据

信息与生活 / 北京市监狱管理局, 北京市戒毒管理局编著. -- 北京：中国政法大学出版社, 2025. 3. -- ("光明行"系列丛书). -- ISBN 978-7-5764-1992-4

Ⅰ. G202-49

中国国家版本馆 CIP 数据核字第 2025PC6724 号

书　名	信息与生活 XINXI YU SHENGHUO
出版者	中国政法大学出版社
地　址	北京市海淀区西土城路 25 号
邮　箱	bianjishi07public@163.com
网　址	http://www.cuplpress.com (网络实名：中国政法大学出版社)
电　话	010-58908466(第七编辑部) 010-58908334(邮购部)
承　印	北京中科印刷有限公司
开　本	720mm×960mm　1/16
印　张	15.25
字　数	210 千字
版　次	2025 年 3 月第 1 版
印　次	2025 年 3 月第 1 次印刷
定　价	58.00 元

第一版编委会

修订版编委会

修订版总序

    教材是传播知识的主要载体，体现着一个国家、一个民族的价值观念体系。习近平总书记指出："紧紧围绕立德树人根本任务，坚持正确政治方向，弘扬优良传统，推进改革创新，用心打造培根铸魂、启智增慧的精品教材。"监狱作为教育人、改造人的特殊学校，更加需要一套科学系统的精品教材，洗涤罪犯灵魂，将其改造成为守法公民。多年来，首都监狱系统在"惩罚与改造相结合、以改造人为宗旨"的监狱工作方针指导下，始终坚持用心用情做好教育改造罪犯工作，秉持以文化人、以文育人理念，于2012年出版了北京市监狱管理局历史上第一套罪犯教育教材——"光明行"系列丛书，旨在用文化的力量，使人觉醒、催人奋进、助人新生。

    丛书自问世以来，得到了司法部、北京市委政法委、市司法局等上级机关和领导的充分肯定，获得了范方平、舒乙、洪昭光等知名专家的高度评价，受到了全国监狱系统同行的广泛关注，得到了罪犯的普遍欢迎，成为北京市监狱管理局科学改造罪犯的利器。这套丛书获得了多项荣誉，2012年被国家图书馆和首都图书馆典藏，《道德与践行》被中央政法委、北京市委政法委列为精品书目，《健康与养成》获得了"全国中医药标志性文化作品"优秀奖等。"光明行"系列丛书已经成为北京市监狱管理局罪犯改造体系的重要组成部分，成为北京市监狱管理局的一张名片，为全面提升罪犯改造质量发挥了重要作用。

    党的十八大以来，以习近平同志为核心的党中央高度重视监狱工作，习近平总书记多次作出重要指示，为监狱工作提供了根本遵循，指明了前进方向。特别是随着中国特色社会主义进入新时代，社会主要矛盾发生根本转变，经济生活发生巨大变化，社会形势发生重大变革，全党确立习近平新时代中国特色社会主义思想，提出了一系列治国理政的新理念、新思想、新战略，取得了举世瞩目的成就。近年来，随着刑事司法领域全面深化改革的逐步推进，国家相关法律和监狱规章发生较大调整，监狱押犯构成发生重大变化，监狱机关面临新形势、新任务、新挑战，需要我们与时俱进，守正创新，在罪犯改造的理论体系、内容载体、方式手段，以及精准化水平等方面实现新的突破，以适应新的改造需要。在这样的背景下，北京市监狱管理局以"十个新突破"为指引，正式启动对"光明行"系列丛书的修订改版，进一步丰富完善罪犯教育教材体系，推动教育改造工作走深、走精、走活、走实。

本次修订对原有的《监狱与服刑》《道德与践行》《法律与自律》《劳动与改造》《心理与心态》《回归与融入》6本必修分册，以及《北京与文明》《信息与生活》《理财与规划》《健康与养成》4本选修分册进行更新完善，同时新编了一本《思想与政治》必修分册，以满足强化罪犯思想政治教育、树立"五个认同"的现实需要，使得丛书内容体系更加科学完善。

新修订的"光明行"系列丛书共计160余万字，展现出以下四大特点：一是反映时代特征。丛书以习近平新时代中国特色社会主义思想为指导，反映十几年来社会发展和时代进步的最新成果，将中央和司法部对监狱工作的新思路、新要求融入其中，特别是坚持同中国具体实际相结合，同中华优秀传统文化相结合，对理论及内容进行更新，充分展现"四个自信"。二是彰显首善标准。丛书总结这十几年来北京市监狱管理局改造工作经验，将"十个新突破"及教育改造精准化建设的最新要求融入其中，体现了市局党组和全局上下的使命担当和积极作为，反映了首都监狱改造工作取得的成绩和经验，展现了首都监狱工作的特色和水平。三是贴近服刑生活。丛书立足监狱工作实际，紧扣服刑、改造、生活、回归等环节，贯穿服刑改造全过程，摆事实、讲道理、明规矩、正言行，既供罪犯阅读，也供民警讲授，对罪犯有所启发，使其有所感悟，帮助罪犯解决思想和实际问题。四是适合罪犯学习。丛书更新了大量具有时代性和典型性的故事和事例，以案析理、图文并茂，文字表述通俗易懂、简单明了，每个篇章新增了阅读提示、思考题以及推荐书目和影视作品，使罪犯愿意读、有兴趣、能读懂、易接受，将思想教育做到潜移默化、润物无声。

本次修订改版从策划编写到出版问世，历时一年，经历了内容调研、提纲拟定、样章起草、正文撰写、插图设计、统稿审议、修改完善和出版印刷等大量艰辛繁忙的工作。丛书修订得到了各级领导的大力支持和悉心指导，参与社会专家达到 21 人，参与编写的监狱民警 80 余人，组织召开各类会议 130 余次，问卷调查涉及罪犯 1800 余人次，投入经费 200 万元。我们还荣幸地邀请到秦宣、章恩友、马志毅、金大鹏、林乾、吴建平、元轶、刘津、许燕、杨光、巫云仙等知名专家担任顾问，加强指导、撰写序言、提升规格、打造精品。希望广大罪犯珍惜成果、加强学习、认真领悟、真诚悔过、自觉改造，早日成为有益于社会的守法公民。

在此，谨向付出艰辛劳动的全体编写人员致以崇高敬意，向支持帮助丛书编写出版的同志们及社会各界人士表示衷心的感谢！由于时间和水平有限，难免存在疏漏和不足之处，欢迎批评指正。

"光明行"系列丛书编委会

2025 年 1 月

分　序

  在时光的长河中，知识的浪花不断翻涌，每一滴水珠都承载着时代的印记与智慧的结晶。《信息与生活》，这本曾经引领我们了解信息技术的历史沿革、最新发展和未来趋势，帮助我们理解信息技术如何悄然改变我们日常生活的书籍，如今，在时隔十三年之后，带着更加丰富的内涵与前瞻的视角，再次与我们相遇。

  十三年前，当我们初次翻开《信息与生活》的扉页，那是一个互联网刚刚普及，智能手机初露锋芒，大数据、云计算等概念尚在孕育之中的时代。书中，我们共同见证了信息技术如何从最初的辅助工具，逐渐演变为推动社会进步、重塑生活方式的强大力量。从电子邮件的普及到社交媒体的兴起，从电子商务的便捷到远程教育的普及，每一个章节都仿佛是一段段生动的历史，记录着信息技术如何悄无声息地融入我们的日常，让生活变得更加高效、多彩和便捷。

  而今，随着信息技术的高速发展，世界已步入了一个全新的数字时代。人工智能、物联网、区块链、5G，正以前所未有的速度推动着社会的变革。信息不仅仅是一种资源，更是成为了推动经济发展的新引擎，促进社会公平的新途径，以及连接全球的新纽带。《信息与生活》的此次修订，正是为了回应这一时代巨变，详细介绍信息技术最新进展如何进一步深刻影响着我们的工作、学习、娱乐乃至思维方式。

  新版《信息与生活》在保留原书精髓的基础上，增加了大量前沿内容。在技术的最新进展方面，详细介绍了人工智能、大数据、云计算、物联网、区块链等前沿技术如何进一步改变我们的生活方式，从智能家居到智慧城市，从精准医疗到在线教育，展现了科技带来的无限可能。在人工智能的伦理与应用方面，探讨 AI 在医疗、教育、城市管理等领域的应用前景，以及随之而来的伦理挑战与解决方案。在信息安全与隐私保护方面，随着信息量的爆炸式增长，信息安全问题日益凸显。本书新增了专章讨论如何保护个人隐私，防范网络诈骗，以及在数字化时代维护信息安全的重要性。

我们相信，通过这本重新修订的《信息与生活》，读者不仅能够回顾过去十三年信息技术发展的辉煌历程，更能把握未来发展的脉搏，同时也能够在日常生活中更加智慧地运用信息，享受科技带来的便利与美好。

第十四届全国政协常委，中国工程院院士，
中关村实验室主任，清华大学网络研究院院长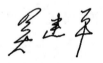

2024 年 12 月

目 录

第一篇 信息革命

人类历史发展至今，共经历了 5 次信息革命，每次信息革命都给社会带来了翻天覆地的变化，尤其是第五次信息革命（计算机的发明），短短的几十年间其创造的社会价值是前四次信息革命创造价值的总和，所以也称历史上第一次真正意义上的信息革命。这次信息革命到底给世界带来了什么样的变化呢？接下来我们将揭开它神秘的面纱。

【阅读提示】

1. 了解人类经历了五次信息革命内容，以及对社会的影响。

2. 了解互联网普及后，多媒体信息网络连接了社会的哪些领域。

3. 了解网络如何改变了人们的生活和工作。

4. 理解信息技术的双刃剑效应，思考信息化带来便利同时引发的信息生态问题。

5. 掌握网络道德和安全意识，倡导文明、守法、合理地使用网络资源。

第一节　信息革命来袭

1946 年 2 月，人类历史上第一台计算机在美国宾夕法尼亚大学问世。它的诞生对人类社会产生了空前的影响，由此展开了人类历史上第一次真正意义上的信息革命，人类从此迈入了信息社会。

信息社会，也称信息化社会，它是相对于农业社会、工业社会等而言的一种社会形态。它是工业化社会之后，以信息科技（包括网络社会、虚拟技术、大数据及量子技术）的发展和应用为核心的高科技社会，是信息、知识起主导作用的知识经济社会。

随着信息科技的发展，时至今日，我们在感受信息革命的无尽魅力的同时，也在这场席卷全球的变革中，感受到其正在以无比强大的力量，推动着我们的社会向前发展。

一、翻天覆地的新变化

（一）信息传递方式的飞跃

在信息革命之前，信息的传递如同蜗牛爬行，受到时间和空间的限制。书信往返往往需要数月甚至数年，电报虽然快速但成本高昂，且信息传达量有限。随着互联网技术的诞生和移动通信技术的飞速发展，传统的信息传递方式被彻底颠覆。如今，我们只需轻触屏幕，便能通过电子邮件、社交媒体、即时通信软件等工具，将信息瞬间传至世界的每一个角落。这种变革极大地缩短了人与人之间的距离，提高了信息传递的效率和准确性，让全球实现了真正的互联互通。

同时，信息革命还极大地推动了信息内容的丰富和多元化发展。通过互联网，我们可以轻松地获取各种信息，包括新闻、学术资料、娱乐内容等。这些信息不仅增加了我们的知识储备，也拓宽了我们的视野和思维方式。我们可以随时随地学习新知识、了解新动态，与世界保持同步。

（二）生活方式的华美蜕变

信息革命不仅改变了我们的信息传递方式，也深刻影响着我们的生活方式。如今，我们的生活变得更加便捷和高效。网络购物让我们可以轻松购买到来自世界各地的商品，无须亲自前往实体店；在线支付让购物变得更加简单快捷，省去了烦琐的现金交易；远程教育打破了地域限制，让我们可以随时随地获取优质的教育资源。

此外，信息革命还带来了丰富的娱乐休闲方式。网络游戏、在线视频、网络音乐等数字产品层出不穷，让我们的生活变得更加丰富多彩。我们可以在家中观看高清电影、聆听优质音乐、与朋友在线游戏，享受数字时代带来的乐趣。

（三）产业结构的华丽转身

信息革命对产业结构的影响也是深远的。在信息技术的推动下，传统产业正经历一次华丽的转身。制造业通过引入工业互联网和智能制造技术，实现了生产过程的自动化和智能化，提高了生产效率和产品质量。农业领域也借助物联网和大数据技术实现了精准农业和智慧农业的发展，提高了农产品的产量和品质。同时，新兴产业如互联网金融、电子商务、人工智能等也迅速崛起，成为经济增长的新动力。这些新兴产业的崛起不仅推动了经济的快速增长，也为就业和创业市场注入了新的活力。

（四）社会管理的智慧革新

在信息革命的背景下，社会管理也实现了智慧革新。政府部门利用大数据、云计算等信息技术手段实现了公共服务的精准化和智能化。智能交通系统通过实时分析交通流量和路况信息，为城市交通提供了科学高效的解决方案；智慧城市项目则整合了城市基础设施、公共服务、社会治理等方面的数据资源，实现了城市的智能化管理和运营。这些智慧化的管理措施不仅提高了公共服务的效率和质量，也让城市治理更加科学、高效、人性化。

（五）挑战与机遇并存

然而，信息革命也带来了挑战与机遇并存的局面。网络安全问题日益突出，黑客攻击、数据泄露等事件时有发生。为了保障信息安全，我们需要加强网络安全保障体系建设，提高网络安全意识和防范能力。同时，数字鸿沟现象也值得我们关注。虽然信息技术的发展带来了诸多便利，但仍有部分人因为缺乏必要的技能和设备而无法享受信息技术的红利。因此，我们需要推广数字教育普及计划，提高人们的数字素养和技能水平，让更多人能够享受到信息技术的便利。

此外，信息科技在解决社会不平等和贫富差距等问题方面也具有巨大的潜力。通过制定合理的政策和措施推动数字普惠和共享发展，我们可以让更多人分享信息科技带来的红利。例如，政府可以加大对农村和偏远地区的网络基础设施建设投入，提高这些地区的网络覆盖率和网络质量；同时可以通过税收优惠、政策扶持等方式，鼓励企业参与数字普惠事业，推动信息技术的普及和应用。

信息革命是一场深刻的社会变革，它正在以前所未有的速度推动人类社会的进步和发展。在这场变革中我们既面临着挑战也迎来了机遇。让我们以开放的心态和创新的思维迎接信息时代的挑战和机遇，共同推动信息技术的健康发展，为构建人类命运共同体贡献智慧和力量。在未来的道路上，我们将继续携手前行，不断探索和创新，让信息革命的成果惠及更多人类，社会将更加美好和繁荣。

【知识拓展】

人类社会始于信息、发于信息、富于信息、精于信息，自社会形成以来，人类已经历 5 次大的信息革命：

1. 语言的产生与应用

语言伴随劳动产生，当时交流的范围很小，且受到了时间和空间的限制，但其无疑起到了信息传递奠基石的作用。

2. 文字的发明与应用

大约 4800 年前，出现了文字——陶器符号。在文字成为信息的载体后，信息的传递第一次打破了时间和空间的限制，使信息的存储和传递取得了重大突破，大大促进了信息的交流，人类开始步入文明时代。

3. 造纸术和印刷术的发明与应用

公元 105 年，蔡伦发明造纸术；公元 1041 年—1048 年，毕昇发明活字印刷术。造纸术使信息的存储与传递从笨重、费力走向轻薄、灵活；印刷术使信息的存储超越时空、更加快速，并且可复制存储。这两项伟大的发明进一步扩大了信息交流的范围和渠道，使得信息传输更加方便、快捷。

4. 电报、电话、广播、电视等通信技术的发明与应用

在 1844 年，莫尔斯发明了电报技术；1876 年，电话的诞生开启了新的通信时代；1920 年，广播电台的发明进一步扩展了信息传播的范围；到了 1925 年，英国科学家又成功发明了电视。这些通信技术的发明使人类在信息领域产生了根本性的变革，打破了时间与空间对于信息传递的束缚，让大众更及时清楚地知道了世界每天都发生了什么。

5. 计算机的诞生、普及以及和现代通信技术相结合

1946 年，第一台计算机的诞生标志着第五次信息革命的到来。计算机集语言、文字、载体、印刷、电子于一体，使得信息的处理和传递速度惊人地提高，人类利用信息的能力也得到了空前的发展。

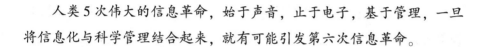

人类 5 次伟大的信息革命，始于声音，止于电子，基于管理，一旦将信息化与科学管理结合起来，就有可能引发第六次信息革命。

二、从网络大国到网络强国

当今时代，互联网发展日新月异，信息化浪潮席卷全球，中华民族迎来了千载难逢的历史机遇。

2014 年 2 月，中央网络安全和信息化领导小组第一次会议召开。习近平总书记亲自担任组长，在会上强调："网络安全和信息化是事关国家安全和国家发展、事关广大人民群众工作生活的重大战略问题，要从国际国内形势出发，总体布局，统筹各方，创新发展，努力把我国建设成为网络强国。"

党的十八大以来，习近平总书记从信息化发展大势和国际国内大局出发，就网信工作提出了一系列新思想、新观点、新论断，形成了习近平总书记关于网络强国的重要思想，擘画了建设网络强国的宏伟蓝图。《关于进一步加强网络安全和信息化工作的意见》《国家信息化发展战略纲要》《"十四五"国家信息化规划》《数字中国建设整体布局规划》等战略性文件相继出台，信息化建设工作取得重要进展。

在习近平新时代中国特色社会主义思想特别是习近平总书记关于网络强国的重要思想指引下，党对网信工作的全面领导不断加强，网络内容建设和管理、网络安全、信息化、网络法治、网络空间国际交流合作等取得新成效，我国网信事业取得历史性成就、发生历史性变革，探索走出了一条中国特色治网之道，正从网络大国阔步迈向网络强国。

"十四五"规划和 2035 年远景目标纲要提出，适应数字技术全面融入社会交往和日常生活新趋势，促进公共服务和社会运行方式创新，构筑全民畅享的数字生活。

信息领域关键核心技术加速突破，大数据、云计算、人工智能、区块链等研究取得积极进展。

从"3G突破"到"4G同步"再到"5G引领"，我国建成全球规模最大、技术领先的光纤宽带和移动通信网络；IPv6规模部署成效显著，活跃用户数超7亿。

2022年，我国数字经济规模达50.2万亿元，总量稳居世界第二，占GDP比重提升至41.5%，数字经济成为稳增长促转型的重要引擎。

截至2023年6月，我国网民规模达10.79亿，互联网普及率达76.4%，我国网民规模、国家顶级域名注册量均为全球第一，互联网发展水平居全球第二。行政村通宽带率达100%，互联网深度融入教育、医疗、养老等多个领域，数字乡村建设取得积极成效，全民数字素养与技能水平稳步提升，信息技术助力弥合数字鸿沟。

数字政府建设加快推进，全国一体化政务服务平台实名注册用户超过10亿，通过"数据多跑路"实现"群众少跑腿"；分享经济、智慧出行、移动支付等互联网新产品、新业态竞相涌现，让用得上、用得起、用得好的信息服务造福更多百姓。

以总体国家安全观为指导，各地、各部门坚持发展和安全同步推进，不断完善网络安全工作体制机制，加强网络安全保障体系和能力建设，推动全社会网络安全意识和防护能力明显增强。信息社会，人工智能技术在推动生产制造、社会治理、文化发展的同时，也带来了前所未有的风险挑战。

2023年7月，七部门联合公布《生成式人工智能服务管理暂行办法》，坚持发展和安全并重、促进创新和依法治理相结合，引导生成式人工智能健康发展。

2023年11月，世界互联网大会领先科技奖在浙江乌镇首次颁发。作为世界互联网大会乌镇峰会的一项重要活动，连续举办7年的领先科技成果发布活动全面升级为领先科技奖，引领科技前沿创新，倡导技术交流合作。

自2014年起，世界互联网大会连续10年在乌镇举办，发布了《携手构建网络空间命运共同体》概念文件、《携手构建网络空间命运共同体行动倡议》等一系列重要成果，搭建中国与世界互联互通的国际平台和国际互联网共享共治的中国平台，关于全球互联网发展治理的"四项原则""五点主张""三个倡导"等中国智慧，得到国际社会的广泛认同。

中国全功能接入国际互联网 30 年来，从一条网速仅有 64 千比特每秒的网线出发，到如今已经拥有 10 亿多网民，形成了全球最大、生机勃勃的数字社会。

在习近平新时代中国特色社会主义思想特别是习近平总书记关于网络强国的重要思想指引下，中国必将以更自信、更有力、更坚定的步伐，向着网络强国奋勇迈进。

三、五彩斑斓的新世界

在信息社会中，信息技术得到了广泛发展，并被应用于社会、经济、文化、工作、学习、生活、交流等各个领域。现代信息社会的基础设施——信息（数据）、计算机与通信技术相结合的信息网络的建设，正大力推动着世界各国信息化的进程。在这个进程中，人类无疑是最大的受益者。

1993 年 9 月，美国克林顿政府宣布实施"信息高速公路"计划，紧接着很多国家竞相效仿，"信息高速公路热"席卷全球。30 年来，互联网获得了空前超高速的发展，正在广泛、深入地渗透到社会的各个领域，整个世界几乎维系在信息网络上，世界的面貌已经发生改变。

（一）改变世界结构

信息社会中，人们每天都能接触到海量的信息资源，这些信息资源涉及人们生活的各个方面，相较于过去"井底之蛙"的局面，人们了解的信息越来越多，天空也越来越广阔，同时未知的信息也越来越多——相比过去，世界变"大"了。

信息社会中，人与人之间的距离缩短了，社会的结合更加紧密。不论你身处地球的哪个角落，属于何种阶层，只要你与网络相连，你就可以与任何人取得联系，也可以了解世界任何角落发生的事情——相比过去的与世隔离、信息闭塞，世界变"小"了。

信息社会中，生活中的一切行为，如购物、交友、娱乐、学习、交流等都搬到了网上。曾经有一个著名的"网络生存大体验"实验，要求所有参与者的活动都在网上进行，最终结果出乎意料，人们不仅可以生存，而且活得有声有色。对于某些生活层面来说，可以完全脱离现实世界而存在——在某种程度上，世界变"没"了。

(二) 改变生活、工作方式

随着互联网的普及，多媒体信息网络连接着整个社会——政府、商店、医院、银行、交通、家庭……使得工作处理、学术会议、贸易往来、金融交易、沟通交流、休闲娱乐、购物、就医、旅游等都在网上进行，整个社会变成了一个"网络社会"，人们的生活、工作方式发生了重大改变。

(三) 改变学习、交流方式

信息社会中，网络资源越来越多，人们一改过去坐在教室里的学习方式，而是可以随时随地在网上进行，信息社会使终身学习成为可能。微信等的出现使得人与人之间的交流更加方便快捷，信息时代人们的言论也更加自由，可以在网上自由地表达自己的观点、发表自己的文章等。信息技术的应用打破了以往的封闭式环境，逐步地改变着人们的学习、交流方式。

（四）信息生态问题突出

信息技术是一把"双刃剑"，在给我们的生活带来便捷的同时，也破坏了社会的信息生态平衡。例如，信息垄断（信息资源不合理的被独享或专用）、信息污染（垃圾信息、色情信息、病毒信息等）、信息犯罪（利用网络进行骚扰、诈骗、盗窃、破坏活动等）、信息侵犯等，这就要求我们要文明、守法、合理地利用网络，维持社会的信息生态平衡，只有这样，我们的生活才会变得更加美好！

思考题

第五次信息革命的标志是计算机的发明，发挥你的想象，你觉得第六次信息革命是什么样的？

第二节　世界变"大"了

在信息时代，信息量呈爆炸式增长，如何把这些海量的信息保存起来为己所用呢？存储设备即最佳之选。例如，钥匙般大小的 U 盘、光盘、硬盘还有云存储的应用，不但能通过存储设备建立起"数据仓库"，还能通过对信息的计算处理，从不同维度、不同角度向用户展现五彩斑斓的世界，这不得不让人感叹，世界变大了，大得足够让我们探索一辈子。

一、存储设备之前世今生

信息化浪潮席卷全球，存储技术的演进如同星辰闪烁般璀璨。从远古的纸张、碑石到现代的磁盘、闪存，再到现今的云存储，每一次技术的跃迁都在绘制着人类文明的壮丽画卷。

（一）古老智慧的载体

在古代，纸张、碑石、卷轴承载着人类的智慧与经验，这些物质化的载体虽能长久保存，却受限于体积庞大传播困难。然而，正是这些看似笨拙的存储方式，为后世留下了宝贵的文化遗产。

（二）印刷术的变革

印刷术的问世，犹如一股清新的风，吹散了信息传播的阴霾。它极大地提高了信息的复制效率，让书籍成为知识的海洋，推动了文化的繁荣与传承。

（三）磁带时代的开启

进入 20 世纪，磁带作为计算机数据的守护者，以大容量、低成本的优势，在计算机领域占据了一席之地。然而，磁带读写速度慢、易损坏的缺点，也让人们渴望更高效的存储方案。

（四）磁盘的崛起与繁荣

随着科技的进步，磁盘以其快速访问、随机读写、高可靠性的特点，成为计算机存储的佼佼者。磁盘技术的不断发展，为计算机性能的提升提供了有力保障。

（五）光盘的闪耀

光盘技术的出现，如同璀璨的星辰，照亮了数字音乐、电影等多媒体领域。它以大容量、便携性、可复制性等特点，迅速成为大众存储媒介的宠儿。

（六）闪存时代的降临

闪存技术的崛起，标志着存储技术进入了一个全新的时代。它以体积小、重量轻、速度快、抗震动的优势，迅速占领了市场。如今，闪存已成为智能手机、平板电脑等电子产品中不可或缺的组成部分。

（七）云存储的崛起与革命

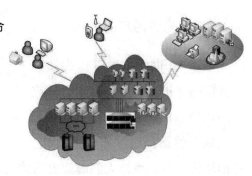

随着互联网的飞速发展，云存储技术应运而生。它将数据存储于远程服务器中，实现了数据的随时随地访问与管理。云存储以其高容量、高可靠性、可扩展性等特点，为企业和个人用户带来了极大的便利。

（八）固态硬盘的革新

近年来，固态硬盘（SSD）以其卓越的读写性能、低噪声、高耐用性等优点，逐渐取代了传统的机械硬盘。固态硬盘的普及不仅提升了计算机的性能和稳定性，也为我们带来了更加流畅、便捷的使用体验。

二、存储与计算技术之未来

展望未来，存储技术将继续以惊人的速度向前发展。超大规模存储设备将满足日益增长的数据存储需求；云技术的应用；固态硬盘的性能将进一步提升；新型存储介质如相变存储、量子存储等将为我们带来更多惊喜。这些技术的突破与创新将为我们创造更加美好的未来。

云计算的应用和量子技术的发展，使得信息存储空间更大，信息处理更加高效灵活，人们对于信息的使用更加便捷，让我们不禁感叹"世界变大了"。

（一）云计算的应用及特点

1. 促进经济发展

降低企业和个人用户的成本：基于云计算的服务模式使用户只需按需支付所使用的服务，从而避免了高额的硬件设备投资和维护成本，降低了企业的经营风险。

刺激创新和促进就业：这种成本降低的模式使得更多企业能够尝试新的业务模式和技术创新，同时为市场创造了更多的就业机会。

2. 促进信息共享和合作

提供便捷的数据存储和共享方式：云计算使得不同地点和不同组织的用户能够轻松地共享和协同工作，加速知识传播和技术进步。

促进社会的协同发展：这种信息的共享和合作模式对推动社会的整体进步和协同发展具有积极作用。

3. 促进循环经济

数据中心设备的更新和维护：云计算服务的提供过程中，数据中心设备的更新和维护为云计算产业的循环经济提供了机会。

设备回收和再利用：通过合理的设备回收和再利用，可以减少对有限资源的需求，同时降低废弃电子设备对环境的影响。

4. 节约能源和减少碳排放

提高能源利用效率：通过云计算，用户可以将数据和应用程序存储在云端，减少对个人计算机的依赖。云服务提供商可以集中管理和优化计算资源的使用，实现更高的能源利用效率。

推动绿色可持续发展：云计算的这种特性有助于减少碳排放，推动绿色可持续发展。

5. 资源利用率

资源共享和动态调配：云计算的资源共享和动态调配特性使得多个用户能够共享同一组计算资源，相较于传统的单独计算模式，大大提高了计算资源的利用率。

6. 应用领域广泛

商业购物：例如，亚马逊的云平台（Amazon Web Services，AWS）为电商提供稳定可靠的云计算服务，帮助他们实现高并发的用户访问和订单处理。

在线教育：例如，Coursera 等在线教育平台利用云计算技术实现全球范围内的在线教育。

医疗保健：云计算技术帮助医疗机构实现远程访问和共享患者数据，提升诊断效率。

智能城市：云计算助力城市管理者更好地监控交通、水资源、能源消耗等情况，并提供决策支持。

科学研究：科研人员可以利用云计算处理和分析海量实验数据，加速科学发现的进程。

7. 提供灵活性和便捷性

云计算的核心优势在于将计算资源、存储和应用程序提供给用户，使其能够随时随地访问数据和应用，大大提高了工作效率和生活品质。

（二）量子领域的发展

量子领域具有颠覆性的科技潜力和广泛的应用前景，其正以前所未有的速度引领着时代潮流。它不仅在科研领域取得了显著的突破，还在产业应用中展现出巨大的潜力和价值，对人们的日常生活产生了深远的影响。

1. 前沿科研与技术突破

量子领域的科研突破为整个科学界带来了全新的视角和方法。

量子计算：量子计算利用量子比特的特殊性质，如叠加态和纠缠态，能够实现远超传统计算机的运算速度和效率。这种优势在密码破解、材料模拟、优化问题等多个领域具有广泛的应用前景。目前，已有多个国家和企业投入巨资研发量子计算机，以期待在未来能够实现更高效的计算。

量子通信：量子通信利用量子纠缠的特性，实现了信息传输的绝对安全性。在传统的信息传输过程中信息容易被窃取或篡改，而量子通信能够在理论上实现无条件的安全性。量子密钥分发（quantum key distribution，QKD）等技术已经得到了广泛的研究和应用，为信息安全提供了坚实的保障。

2. 产业应用与推动

随着量子科技的不断发展，其在产业应用中也展现出了巨大的潜力。

量子科技产业：越来越多的国家和企业开始重视量子科技产业的发展。他们纷纷投入巨资建设量子计算中心、量子通信设施等基础设施，并积极探索量子科技在其他领域的应用。例如，我国在《中华人民共和国国民经济和社会发展第十四个五年规划和 2035 年远景目标纲要》中提出了要加强量子科技领域的研发和应用，推动量子科技产业的高质量发展。

跨领域融合：量子科技并不局限于通信和计算领域，还广泛应用于材料科学、能源、医疗等领域。在材料科学领域，量子计算可以模拟材料的微观结构和性质，为材料设计提供新的思路和方法；在能源领域，量子科技可以帮助人们更好地理解和利用能源，如通过量子纠缠的特性设计更高效的太阳能电池和储能系统；在医疗领域，量子医疗作为一种新兴的医学领域，已经在肿瘤治疗等方面取得了显著的进展。

3. 日常生活的影响

量子科技的发展对人们的日常生活也产生了深远的影响。

量子加密技术：量子加密技术为人们的隐私和网络安全提供了更加坚实的保障。通过量子密钥分发等技术，人们可以更加安全地使用互联网、银行和其他在线服务，避免个人信息被窃取或滥用。

量子医疗与健康：量子医疗作为一种新兴的医学领域，为人们提供了更加精准和高效的诊断和治疗手段。通过使用量子医学技术，医生可以更加准确地诊断病情、制订治疗方案和评估治疗效果，为患者提供更好的医疗服务。同时，量子医疗还有助于推动健康管理的个性化和智能化发展，提高人们的健康水平和生活质量。

4. 国际合作与竞争

量子科技已经成为全球科技竞争的重要领域之一。各国纷纷加大投入，加强国际合作，共同推动量子科技的发展。

国际合作：国际间在量子科技领域的合作日益加强。各国科学家和研究机构共同开展量子科技的研究和应用工作，分享研究成果和经验教训，推动量子科技的全球发展。这种国际合作有助于打破地域和学科的壁垒，促进知识的传播和交流。

国际竞争：国际间在量子科技领域的竞争也日益激烈，各国纷纷投入巨资建设量子计算中心、量子通信设施等基础设施，并积极探索量子科技在其他领域的应用。这种竞争有助于推动量子科技的快速发展和应用，同时可能加剧国际间的技术封锁和竞争压力。因此，在推动量子科技发展的同时，也需要注重国际合作和互利共赢的理念。

(三) 大数据推送与存储技术的爱恨交织

在数字世界的舞台上，大数据推送与存储系统宛如一对默契的舞伴，携手共舞，共同演绎出一曲美妙的旋律。

大数据推送犹如一位细腻的舞者，其需要舞台上完美的舞伴——存储系统。这位舞伴默默无言，却拥有着庞大的记忆与智慧。每一笔数据的写入，都是对舞伴的信任与托付；每一次数据的读取，都是她精准而迅速的回应。正是有了存储系统的默默支持，大数据推送才得以施展出惊人的才华，精准地为每位用户定制独一无二的推荐。

而在大数据推送的轻盈跃动之下，存储系统亦在不断蜕变与进步。如同舞者的优美动作离不开背后的练习与积累，存储系统也在不断地接收、处理、整合着海量的数据，通过先进的数据分析技术，揭示出用户的真实需求与兴趣。这使得大数据推送能够更加敏锐地感知用户的情绪变化，为其呈现出更为精彩绝伦的表演。

当然，在这段美妙的舞蹈中，数据安全与隐私保护是不可或缺的重要元素。大数据推送与存储系统都深知这一点，因此二者携手共进，采取了一系列严格的安全措施来保护用户的隐私信息——用加密技术为数据披上了一层神秘的面纱，用访问控制机制守护数据的入口，用数据备份与恢复机制确保数据的万无一失。正是有了这些坚实的保障，用户才能安心地享受这段美妙的舞蹈。

在这对舞伴的深情交响中，我们看到了大数据推送与存储技术的相互促进与发展。存储技术的进步为大数据推送提供了更加宽广的舞台，让大数据推送得以展现其无限的魅力；大数据推送的需求又推动了存储技术的不断创新与完善，让存储系统变得更加高效、智能、安全。让我们期待这对舞伴在未来的舞台上继续为我们带来更加精彩的表演！

思考题

你使用过哪些存储设备，各有什么优缺点？

第三节 世界变"小"了

网络无疑是 20 世纪最伟大的发明，它不仅是信息的传播基地，还为人们的日常生活带来了极大的便利。通过网络，人们可以与地球上任何一个陌生人取得联系，中间最多只隔着六个人的距离，这就是美国著名心理学家米尔格伦的"六度空间"理论。2008 年北京奥运会的主题曲《我和你》，其中的歌词"我和你，心连心，同住地球村"，这里的"地球村"反映的就是网络的神奇力量。

在信息时代，网络使人与人之间的距离缩短了，整个世界变成了一个"地球村"，通过网络，你不仅可以和地球上任何一个陌生人取得联系，还可以通过网络知道世界各地每天都发生了什么，信息不再闭塞，让人感觉世界越来越渺小，小到我们熟悉任何一个角落的情况。

一、世界真的变"小"了?

这种变化并非物理空间上的缩小，而是由网络通信、地球村、互联网等概念共同推动的全球化进程所带来的心理感受。

(一) 网络通信：跨越时空的桥梁

网络通信技术的发展，为我们搭建了一座跨越时空的桥梁。如今，我们不再依赖传统的书信或电话来与远方的亲朋好友保持联系。电子邮件、即时通信软件、视频通话等多样化的通信方式，使我们能够随时随地与对方进行交流。无论是在国内还是国外，无论是在城市还是乡村，只要有网络连接，我们就能轻松实现即时通信。这种通信的便捷性让我们感受到了"世界变小了"的奇妙体验。

网络通信的快速发展，不仅改变了我们的沟通方式，还推动了全球经济的繁荣。跨国企业可以通过网络通信——如视频会议等协作方式——进行远程办公，大大提高了工作效率。同时，国际贸易也因网络通信的便捷性而变得更加频繁和顺畅。这些变化进一步证明了网络通信在全球化进程中的重要作用。

（二）地球村：文化交融的盛宴

地球村的概念，让我们更加深刻地认识到全球化背景下文化交融的盛况。随着互联网的发展，世界各地的文化、习俗、思想得以迅速传播和交融。人们可以轻松地了解不同国家的风土人情、历史传统和价值观念，这种文化的交流与融合，让我们更容易产生共鸣和理解。

在地球村中，各种文化相互碰撞、相互借鉴，形成了丰富多彩的文化景观。例如，西方的节日文化逐渐融入东方社会，而东方的传统文化也在西方世界受到越来越多的关注。这种文化交融不仅促进了不同民族之间的相互了解与友谊，还为全球文化的繁荣与发展注入了新的活力。

（三）互联网：信息时代的超级高速公路

互联网作为信息时代的超级高速公路，为网络通信和地球村的形成提供了强有力的支持。互联网的发展使信息的获取、传播和共享变得更加便捷和高效。搜索引擎、社交媒体、在线课程等互联网工具的出现，为我们提供了一个开放、自由、多元的信息世界。

在互联网上，我们可以轻松地获取各种各样的信息资源，无论是学术资料、新闻资讯还是娱乐内容，都能满足我们的需求。同时，互联网还为我们提供了展示自我、交流思想、分享经验的平台。博客、微博、短视频等社交媒体的兴起，使得每个人都有机会成为信息的发布者和传播者。这种信息的快速流动和共享，让我们感受到"世界变'小'了"的强烈冲击。

然而，互联网的发展也带来了一系列问题和挑战。网络诈骗、信息安全、隐私保护等问题逐渐浮出水面，成为我们需要面对的现实问题。在享受互联网带来的便利的同时，我们也需要关注这些问题，共同为构建一个更加安全、健康的网络环境而努力。

网络通信、地球村和互联网等概念的融合与发展，共同推动了全球化的进程。在这个过程中，我们感受到"世界变"小"了"的奇妙体验，也面临着前所未有的机遇和挑战。我们需要积极适应这种变化，不断学习和成长，以便在这个快速变化的世界中立足并取得成功。同时，我们也需要关注全球化带来的问题，如文化冲突、信息安全等，共同为构建一个更加美好、和谐的世界而努力。

二、世界真的变"小"了!

在物联网、移动互联、5G 网络的交织推动下，我们身处的世界正以前所未有的速度缩小。这是一个连接无处不在、互动无界的新时代，网络与手机的关系应运而生，它们密不可分，映照了世界的方方面面。

(一) 网络谱写新乐章

1. 物联网：万物互联的新纪元

物联网技术如同一张巨大的网络，将世间万物紧密相连。从智能家居的温馨掌控，到工业生产的精准监控，再到城市管理的智能决策，物联网正让物品间的交流变得轻松而高效。这种深层次的连接，打破了地域的界限，让万物互通成为可能。

2. 移动互联：随身携带的信息世界

智能手机、平板电脑等移动设备成为我们随身的伙伴，它们将我们与互联网紧密相连。无论身处何地，我们都能随时随地获取信息、交流思想、处理工作。这种便捷的移动互联方式，让我们仿佛置身于一个无处不在的信息海洋中，畅游其中，探索无限。

3.5G 网络：高速连接的未来之门

5G 网络的出现开启了信息传输的新篇章。其高速度、低延迟、大容量的特点，让数据传输变得更加迅速和流畅。在 5G 的助力下，远程医疗、自动驾驶、智能制造等新兴应用蓬勃发展，为人们的生活带来了前所未有的便利和可能。同时，5G 也为人、事、物的连接提供了更加坚实的基础，让世界变得更加紧密相连。

在这个充满连接与交融的世界里，人、事、物之间的联系日益紧密，仿佛世界就在我们手中。这种无界的连接让我们感受到了前所未有的便利和可能，也让我们对未来充满了无限期待。

（二）手机书写新格局

随着科技的飞速发展，手机已成为人们日常生活中不可或缺的一部分。从最初的通信工具，到如今具备多样化功能的智能设备，手机以其便携性、实时性和多功能性，深刻地改变了人们的生活方式和社会交往模式，在人们看来，"世界"已经被收纳在了手机里。

手机在当今社会中发挥着至关重要的作用。它不仅改变了人们的通信方式，还丰富了人们在信息获取、娱乐、支付、工作和学习等方面的体验。未来随着技术的不断进步和应用场景的不断拓展，手机的功能和作用还将继续扩展和深化，为人们带来更多便利和可能性。

（1）通信。通过拨打电话、发送短信或使用即时通信软件，人们能够随时随地与他人保持联系，极大地提高了通信的效率和便捷性。尤其在紧急情况下，手机的通信功能能够迅速传递信息，为人们提供及时有效的帮助。

（2）信息获取。作为一种便携的信息获取工具，手机为人们提供了海量的信息和资源。通过互联网连接，人们可以浏览新闻、查看天气预报、搜索知识等，获取最新的信息。此外，手机还支持各种应用程序的下载和使用，进一步扩展了信息获取的范围和深度。

（3）娱乐。人们可以通过手机听音乐、看电影、玩游戏等，享受各种娱乐体验。这些娱乐内容不仅能够丰富人们的生活，还能够缓解压力和疲劳，提高生活质量。

（4）支付。随着移动支付的普及，手机已成为人们日常支付的重要工具。通过手机银行、支付宝、微信支付等应用，人们可以轻松地完成转账、支付账单、购物等操作，极大地提高了支付的便捷性和安全性。

（5）办公学习。通过手机办公软件、学习软件等，人们可以随时随地处理工作和学习任务，提高工作和学习效率。此外，手机还支持在线会议、远程教育等功能，为人们提供了更加灵活多样的工作和学习方式。

（6）社交。人们可以通过各种社交媒体平台，如微信、微博、抖音等，与朋友、家人和同事保持联系，分享生活点滴和工作经验。这些社交平台不仅丰富了人们的社交方式，还促进了信息的交流和传播。

思考题

网络是怎样缩短人与人之间的距离的？

第四节 世界变"没"了

信息这个字眼相信大家都不陌生，但是信息这个词到底是什么意思，又很少有人能准确地描述出来。这是因为"信息"是一个非常抽象的词语，简单来说，我们可以把信息理解成事物存在的方式和运动状态的表现形式，这里的"事物"泛指存在于人类社会、思维活动和自然界中一切可能的对象。从这个角度来讲，信息可以用来表示我们所在的和我们意识里所拥有的整个世界，换句话说，从某种程度上讲，信息就等于世界。

一、信息世界的"0"和"1"

在信息革命席卷全球的今天，信息已经不仅是用语言文字来表达的了，而是化为一串串数字，以无数个"0"和"1"组成的代码保存、读取、迁移、回收。这些数字看不见，摸不着。我们生活的世界当然还在不停转动，但是在信息世界里，它越来越虚无，甚至连我们自己都变成了能为计算机所运算的数字。

首先，0和1作为二进制代码的核心元素，以独特的方式诠释了数字的奥秘。在计算机内部，每一个数字、每一个计算，都依赖于0和1的巧妙组合与运算。它们如同数字世界的精灵，灵动地穿梭于各个算法之间，赋予计算机无比强大的计算能力。

其次，0和1还肩负着字符、图像、音频等多种数据类型的表示重任。它们将复杂的文本、绚丽的图像、动人的音乐，转化为一系列由0和1组成的二进制编码，使得这些多媒体数据能够在计算机中自由传递、处理与展现。在它们的编织下，一个五彩斑斓、声情并茂的数字世界得以呈现。

最后，0和1还扮演着开关角色的双重身份。在电子电路中，它们象征着电路的开与关，电流的有与无。这种简明的表示方式不仅让电路设计更为便捷，也让信息的存储和传输变得更为高效。

总而言之，0和1在信息化中扮演着至关重要的角色。它们不仅是信息的载体，更是计算机进行逻辑运算的基石。在它们的精心编织下，一个充满活力、无限可能的数字世界正在不断扩展、壮大。

二、信息化魔法让虚拟映射现实

（一）计算机语言的魔法

计算机语言作为数字世界的通用语，不仅是程序员的交流工具，更是连接现实与虚拟的桥梁。每一行代码，每一个指令，都如同魔法般在虚拟空间中创造出全新的世界。从最初的机器语言到汇编语言，再到如今的高级编程语言，计算机语言的发展见证了信息技术的飞速进步。它们不仅能够让我们更高效地处理数据和运行程序，还能够让我们在虚拟世界中创造出前所未有的奇迹。

通过计算机语言，我们可以实现复杂的图像处理、视频编辑、3D建模等功能。我们可以让计算机自动完成数据分析和决策支持的任务，甚至可以训练计算机进行自主学习和智能决策。这些功能的实现都离不开计算机语言的支持和驱动。

（二）虚拟世界的无限可能

在虚拟世界中，时间和空间都不再是限制。通过先进的虚拟现实（Virtual Reality，VR）技术和增强现实（Augmented Reality，AR）技术，我们可以随时进入一个完全不同于现实的世界，感受其独特的魅力。在这里，想象力得到了无限的释放，创意得到了自由飞翔的空间。我们可以在虚拟世界里与朋友互动、学习、工作，甚至体验到在现实生活中难以企及的冒险和挑战。

在虚拟世界里，我们可以创造自己的角色、场景和故事。我们可以与来自世界各地的玩家一起探索未知的世界，共同解决难题应对挑战。这种互动方式不仅丰富了我们的生活体验，也让我们能够更好地理解和尊重不同的文化和观念。

(三) 信息化将世界变"没"了

随着越来越多的生活和工作场景被转移到虚拟世界，我们不再受到地域和时间的限制，可以随时随地与世界各地的人进行交流和互动。

在虚拟世界中，我们可以参加在线会议、协作完成项目、学习新知识、欣赏艺术作品等。这些活动不仅方便快捷，而且效率更高。同时，虚拟世界也为我们提供了更多的娱乐和休闲方式，让我们能够更好地放松身心、释放压力。

但是，我们也应该意识到虚拟世界并不能完全替代现实世界。虽然它为我们提供了许多便利和乐趣，但我们也应该珍惜现实生活中的美好时光和真实感受。在享受虚拟世界带来的便利和乐趣的同时，我们也应该关注现实世界的发展和变化，保持对真实世界的热爱和关注。

总之，信息化正在以一种前所未有的方式改变着我们的世界。它让我们能够更好地连接和互动，丰富我们的生活和体验。同时，我们也应该保持清醒的头脑和正确的态度，正确地使用信息化工具和技术，让它们成为推动社会进步和发展的重要力量。

三、世界真的变"没"了?

在科技的浪潮中，VR 技术与 AR 技术如璀璨星辰，照亮了我们与世界的交互之路。然而，这并不意味着现实世界的黯然失色，而是我们正以全新的视角和体验，重新定义这个世界的边界。

诚然，VR 技术宛如一把魔法钥匙，打开了通往全封闭、全沉浸虚拟世界的大门。在这里，我们得以穿越时空，置身于历史的长河之中，或探索宇宙的奥秘。这种超越物理限制的体验，在游戏、教育、医疗等领域展现出其独特的魅力。它让我们在虚拟空间中，感受到了前所未有的真实与震撼，丰富了我们对世界的感知和理解。

然而，即便我们陶醉于虚拟世界的瑰丽多姿，也不能忽视现实世界的美好与珍贵。VR 技术并非现实世界的替代品，而是我们感知和体验世界的一种新方式。它让我们在享受科技带来的便利和乐趣的同时，也更加珍惜和关注现实世界中的每一个瞬间。

同样，AR 技术也以其独特的方式，将虚拟信息巧妙地融入现实世界中。当我们佩戴 AR 眼镜，眼前的世界便如同被施加了魔法，不仅展示了物理实体，还融合了虚拟的元素和信息。无论是导航的实时指引，还是购物的虚拟试穿，AR 技术都为我们带来了前所未有的便捷与愉悦。它让我们在现实世界中感受到更多的可能性与惊喜，丰富了我们的生活和体验。

综上所述，VR、AR 等虚拟技术并没有让世界消失，而是让我们以更加多元化、深入化的方式感知和体验这个世界。它们为我们打开了新的感知之窗，让我们在享受科技带来的便利和乐趣的同时，更加珍惜和关注现实世界的美好与珍贵。在这个数字化与智能化并存的时代，让我们携手共进，共同探索这个充满无限可能的世界。

思考题

你体验过 VR、AR 等虚拟技术吗，有什么感受？

第五节　世界还在变

时代在发展、社会在进步，信息技术远没有到达终点，云计算作为数字化时代的重要基础设施，提供了按需获取计算资源的能力。边缘计算也在崛起，使数据处理更加靠近数据源，实现了更低的延迟和更高的带宽。随着 6G 等新一代通信技术的研发，我们将迎来更加先进和智能的通信网络，

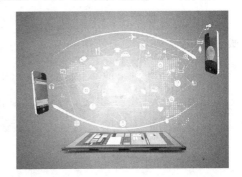

为数字化时代提供更加强大的基础设施支撑。AI 将成为各行各业不可或缺的助手。物联网技术将使各种设备和传感器相互连接，形成一个智能的生态系统。从智能家居到智慧城市，物联网正在逐步改变我们的生活方式和城市形态。信息技术的每一次重大进步都深刻地影响了人类社会的结构和运作方式。未来，随着技术的不断进步，世界还将继续变化，而信息技术仍是推动这一变革的关键力量。在这个不断变化的世界中，我们必须不断学习和适应，以充分利用信息技术带来的无限可能。

一、信息技术发展的基础

我们要探究世界还会如何变化，就要首先清楚什么是信息技术？信息技术发展的基础是什么？信息技术这一术语涵盖用于信息的创建、存储、交换、处理及管理的技术与手段。它不仅包括计算机硬件、软件、网络通信技术等基础组成部分，还涉及与之紧密相关的服务与支撑体系，如云计算、大数据、人工智能等新兴领域。信息技术的快速发展，不仅推动了人类社会的信息化进程，还深刻改变了人们的生活方式与工

作模式。

从早期的机械计算，到电子计算，再到现在的数字化、网络化和智能化。就像我们小时候玩的游戏机，从简单的小霸王到现在的 VR 游戏，信息技术的发展也是这样一步一步地走过来的。

信息技术的发展历程是一部充满创新与变革的历史。从 20 世纪 40 年代电子计算机的问世，到 20 世纪 60 年代 ARPANET 的创立，再到 20 世纪 80 年代个人计算机的普及，以及 20 世纪 90 年代互联网的商业化与万维网的推出，信息技术的每一次飞跃都标志着人类社会向信息化时代的迈进。进入 21 世纪，移动互联网、云计算、大数据、人工智能等新兴技术的快速发展，更是为信息技术注入了新的活力，推动了其向更高层次、更广领域的拓展。

二、信息技术的核心

（一）计算机硬件技术：信息技术的物理基础与性能提升

计算机硬件技术作为信息技术的物理支撑，涵盖中央处理器、存储器、输入输出设备等关键要素。随着半导体技术的持续进步，硬件性能得以不断提升，体积则日益缩小。从早期的晶体管计算机到现代的集成电路计算机，硬件技术的每一次革新都带来了计算能力的提升与能耗的降低，为信息技术的快速发展提供了坚实的物理基础。

（二）软件工程：信息技术的灵魂所在与软件开发方法的创新

软件工程专注于软件的开发、运行、维护及管理，包括操作系统、数据库管理系统、网络软件及应用软件等。软件工程的实践，不仅推动了软件开发方法的创新，如敏捷开发、DevOps 等，还显著提升了软件的质量与可靠性。同时，软件工程还涉及软件架构的设计、软件安全性的保障以及软件生命周期的管理等多个方面，为信息技术的广泛应用提供了有力的支撑。

(三) 网络通信技术：全球互联的桥梁与纽带

网络通信技术是实现信息传输与交换的关键技术，涵盖有线通信、无线通信、互联网协议及传输控制协议等。随着 5G 技术的广泛应用，网络通信的速度与质量均得到了显著提升，为信息的实时传输与高效交换提供了有力保障。同时，网络通信技术还推动了全球互联的实现，使得人们能够跨越地域限制，随时随地访问所需资源，促进了全球经济的一体化和各种文化的交流融合。

(四) 数据存储与管理技术：信息技术的信息仓库与数据安全性的保障

数据存储技术，包括传统的硬盘驱动器与固态驱动器，以及新兴的云存储服务。这些技术的共同应用，确保了信息的完整性与安全性。而数据库管理系统提供了高效的数据存储、检索及管理工具，为数据的分析与利用提供了有力支持。随着大数据技术的快速发展，数据存储与管理技术面临前所未有的挑战与机遇，如何高效地存储、处理与分析海量数据，已成为当前信息技术领域的重要课题。

三、划时代的改变：下一代互联网，从 IPv4 到 IPv6 的演变

随着信息技术的迅猛发展，互联网已经成为现代社会中不可或缺的一部分。从最初的军事和科研机构内部网络，发展成为连接全球、承载多样化信息交流的庞大基础设施。然而，随着网络设备的数量急剧增长，原有网络协议——IPv4（Internet Protocol Version 4，第四版互联网协议）逐渐显现出其局限性。IPv4 地址资源的枯竭，以及其在安全性、移动性支持、服务质量（QoS）等方面的不足，使得人们开始寻找新的解决方案。IPv6（Internet Protocol Version 6，第六版互联网协议）的提

出，正是为了应对这些挑战，是下一代互联网的标准。

（一）IPv4 的局限性

IPv4 地址由 32 位二进制数组成，理论上可以提供约 42 亿（232）个独立的 IP 地址。看似很多，然而，由于早期地址分配得不合理，以及近年来物联网、云计算等技术的快速发展，对 IP 地址的需求井喷式爆发导致 IPv4 地址资源迅速枯竭。此外，IPv4 还存在以下问题：

（1）地址分配不均：早期 IPv4 地址分配时，一些国家和地区获得了过多的地址资源，另一些国家则相对较少，导致资源分配不公平。

（2）安全性不足：IPv4 在设计之初并未充分考虑安全性问题，导致网络攻击频发，如 DDOS 攻击、IP 劫持等。

（3）移动性支持有限：IPv4 对移动设备的支持不够完善，当移动设备在不同网络间切换时，可能会遇到通信中断或延迟的问题。

（4）服务质量（QoS）不足：IPv4 在服务质量方面存在缺陷，无法为不同类型的业务提供差异化的服务。

（二）IPv6 的提出与特点

1. IPv6 的提出

为了解决 IPv4 的局限性，互联网工程任务组（IETF）在 20 世纪 90 年代初期开始设计 IPv6。IPv6 采用 128 位地址长度，理论上可以提供约 3.4×10^{38} 个 IP 地址，几乎可以为地球上每一粒沙子分配一个独立的 IP 地址。这一变革性的设计，不仅解决了 IPv4 地址资源枯竭的问题，还为互联网的未来发展提供了广阔的空间。

2. IPv6 的主要特点

（1）更大的地址空间：IPv6 的地址空间是 IPv4 的 3.4×10^{28} 倍，几乎可以为地球上的每一台设备分配一个唯一的 IP 地址。这不仅解决了 IPv4 地址资源枯竭的问题，还为物联网、云计算等新兴技术的发展提供了充足的地址资源。

（2）简化的报文头部：IPv6 的头部设计更为简洁，去除了 IPv4 中许多不必要的字段和选项，使路由器在处理 IPv6 报文时更为高效。这不仅提高了网络的传输效率，还降低了路由器的负担。

（3）内置的 IPsec 支持：IPv6 从设计之初就考虑了安全性问题，内置了 IPsec 协议，为数据传输提供了端到端的安全保障。IPsec 协议包括认证、加密和完整性校验等功能，可以有效防止网络攻击和数据泄露。

（4）改进的多播和任播支持：IPv6 对多播和任播的支持更为完善。多播允许一台设备同时向多台设备发送数据，提高了网络资源的利用率；任播则允许数据被发送到一组设备中的任意一台，提高了网络的可靠性和灵活性。

（5）自动配置能力：IPv6 支持无状态地址自动配置（SLAAC），使得设备能够更容易地连接到网络。这一功能减少了人工配置的工作量，提高了网络的部署效率。

（6）更好的移动性支持：IPv6 对移动性的支持更为完善，通过移动 IPv6（Mobile IPv6）等技术，使得移动设备在不同网络间切换时能够保持通信的连续性。这为用户提供了更好的移动体验。

（三）IPv6 的部署与挑战

1. IPv6 的部署现状

尽管 IPv6 提供了诸多优势，但其全球范围内的部署并非一蹴而就。IPv6 的部署需要硬件和软件的全面更新，以及网络运营商、内容提供商和服务提供商的共同努力。目前，IPv6 的部署已经取得一定的进展，但仍面临一些挑战。

2. 面临的挑战

（1）兼容性问题：IPv6 与 IPv4 不直接兼容，需要通过翻译机制［如 NAT-PT（Network Address Translation - Protocol Translation）等技术］来实现互通。然而，这些技术存在性能和安全问题，如延迟增加、数据包丢失等。因此，在 IPv6 部署过程中，需要谨慎处理兼容性问题，确保网络的稳定性和安全性。

（2）成本问题：IPv6 的部署需要更新网络设备、软件以及人员培训等方面的投入。对于一些中小企业和个人用户来说，这是一笔不小的开支。因此，在 IPv6 部署过程中，需要制定合理的成本预算和计划，降低用户的经济负担。

（3）缺乏紧迫感：由于 IPv4 地址尚未完全耗尽，一些组织缺乏向 IPv6 迁移的紧迫感。然而，随着物联网、云计算等新兴技术的发展，IPv4 地址资源的枯竭将日益加剧。因此，各组织应提前做好准备，加快 IPv6 的部署进程。

（4）技术和标准问题：IPv6 的部署还面临一些技术和标准问题，如地址规划、路由策略、安全策略等。这些问题需要各组织在部署过程中不断摸索和完善，以确保网络的稳定性和安全性。

（四）IPv6 的未来展望

1. 技术发展趋势

随着物联网（IoT）、5G、云计算等技术的快速发展，对 IP 地址的需求将呈指数级增长。IPv6 因几乎无限的地址空间和改进的网络功能，将成为未来互联网的基础。此外，IPv6 还将推动互联网技术的创新和发展，如新型网络架构、智能网络管理等。

2. 政策与标准的推动

各国政府和国际组织正逐步推动 IPv6 的部署。例如，中国政府在"十四五"规划中明确提出了加快 IPv6 规模部署的要求，并出台了一系列政策措施和标准规范，以推动 IPv6 的普及和应用。国际上，互联网号码分配机构（IANA）和各地区互联网注册机构（RIR）也在积极推动 IPv6 的分配和使用，为 IPv6 的部署提供了有力的支持和保障。

3. 教育与培训的重要性

为了顺利过渡到 IPv6，对网络工程师和相关技术人员进行 IPv6 知

识的教育和培训至关重要。通过培训，可以提高技术人员的 IPv6 技能
水平，帮助他们更好地理解和应用 IPv6 技术。同时，还可以培养更多
的 IPv6 专业人才，为 IPv6 的部署和应用提供有力的人才保障。此外，
教育和培训还可以提高公众对 IPv6 的认识和了解，推动 IPv6 的普及和
应用。

　　IPv6 作为下一代互联网协议，其演进不仅是技术发展的必然趋势，
也是应对未来网络挑战的关键。尽管在部署过程中会遇到各种挑战，但
通过全球范围内的合作与努力，IPv6 的全面部署将为互联网的可持续
发展奠定坚实的基础。未来，随着 IPv6 技术的不断成熟和应用领域的
不断拓展，我们将迎来一个更加高效、安全、智能的互联网世界。

四、信息发展的动力：创业公司与风险投资带来的影响

　　随着全球信息化进程的加速，信息技术已成为推动现代经济增长的
关键力量。它不仅改变了人们的日常生活，还重塑了全球经济结构。创
业公司作为推动创新的重要力量，在信息技术的发展中扮演了不可或缺
的角色，它们通常具有灵活的组织结构、敏锐的市场洞察力和强烈的创
新意识，这些特点使得创业公司往往能够在新技术的研发和应用方面走
在行业前列。创业公司不仅能够迅速捕捉市场的新需求，还能通过快速
迭代的方式不断优化产品，满足用户的多样化需求。风险投资作为一种
特殊的金融投资方式，以独特的投资理念和机制，对信息技术的发展起
到了至关重要的推动作用。下面我们一起探索创业公司与风险投资给信
息技术发展带来了怎样的影响。

（一）创业公司与风险投资

1. 创业公司的创新模式

　　创业公司的创新模式通常包括但不限于颠覆性创新、渐进式创新、
商业模式创新等。颠覆性创新通常指的是通过全新的技术或产品，彻底

改变现有市场的格局,如智能手机对传统手机的颠覆;渐进式创新则是在现有技术或产品的基础上进行微小的改进,但积累起来也能带来显著的提升;商业模式创新则是通过改变企业的盈利方式、服务方式等,为用户带来全新的体验和价值。

2. 风险投资的定义

风险投资(Venture Capital,VC)是指由专业投资机构或个人向具有高成长潜力的未上市创业企业进行股权投资,并通过提供管理和其他支持,以期在企业成长后通过股权转让实现高资本增值的投资行为。风险投资通常投资新兴行业或技术领域,如信息技术、生物科技、新能源等,这些领域往往具有较高的技术门槛和市场潜力。

3. 风险投资的特点

(1)高风险高回报:风险投资所投资的企业往往处于初创阶段,面临着技术、市场、管理等多方面的风险。然而,一旦这些企业取得成功,其发展速度和市场价值将远超普通企业,为投资者带来丰厚的回报。

(2)长期投资:风险投资通常需要较长时间才能看到回报。从投资初期到企业上市或并购退出,整个过程可能需要数年甚至更长时间。因此,风险投资者需要有足够的耐心和长远的眼光。

(3)附加价值:风险投资者不仅提供资金,还提供管理经验、市场渠道、人脉资源等附加价值。这些附加价值对于初创企业来说至关重要,有助于它们在激烈的市场竞争中脱颖而出。

(二)如何推动信息技术发展进步

1. 创业公司推动模式

创业公司通过不断的技术研发和市场实践,推动了包括大数据、云计算、人工智能、区块链等在内的多项技术进步。例如,在大数据领域,创业公司通过开发高效的数据处理和分析工具,帮助企业更好地挖掘和利用数据资源;在云计算领域,创业公司通过提供灵活、可扩展的云服务，降低了企业的 IT 成本，提高了运营效率；在人工智能领域，创业公司通过研发智能算法和模型，推动了人工智能技术的广泛应用和落地。

2. 风险投资提供资金支持

风险投资为信息技术初创企业提供了必要的启动资金，帮助这些企业度过产品研发和市场推广的早期阶段。在初创阶段，企业往往缺乏稳定的收入来源和盈利能力，难以通过传统融资渠道获得资金。而风险投资以其独特的投资理念和机制，为这些企业提供了宝贵的资金支持。这些资金不仅用于技术研发和产品生产，还用于市场推广和团队建设等方面，为企业的发展奠定了坚实的基础。

3. 风险投资提供管理和战略指导

风险投资者通常具有丰富的商业经验和行业知识，他们为初创企业提供管理咨询和战略规划，帮助企业在激烈的市场竞争中立足。风险投资者通过参与企业的日常管理和决策过程，为企业提供宝贵的建议和指导。他们帮助企业制定合适的市场策略、优化产品结构、提升运营效率等，从而提高企业的竞争力和盈利能力。

4. 风险投资的创新激励

风险投资倾向于投资具有创新性的项目，这种投资偏好激励了信息技术领域的创新活动。为了获得风险投资的青睐和支持，企业需要不断研发新技术、开发新产品、探索新市场。这种创新激励机制推动了信息技术领域的快速发展和进步。同时，风险投资还通过提供资金支持和创新资源等方式，促进了企业之间的合作和交流，加速了新技术的普及和应用。

5. 加快创业公司的成长

风险投资通过资金和资源的注入，帮助信息技术企业快速扩张市场。在初创阶段，企业往往面临市场认知度低、客户基础薄弱等问题。而风险投资通过提供市场推广资金、拓展销售渠道等方式，帮助企业提高市场知名度和影响力。同时，风险投资还通过引入战略投资者和合作伙伴等方式，为企业提供更多的市场资源和机会，加速企业的市场扩张和成长。

(三) 成功案例

下面，我们将从众多投资公司中随机选取一个关于谷歌风险投资 Uber 的案例进行分析。

1. 投资背景

Uber 成立于 2009 年，最初是一家提供高端出行服务的创业公司。随着智能手机的普及和移动互联网的发展，Uber 迅速抓住了市场机遇，通过创新的移动应用和大数据技术，为用户提供便捷的出行服务。谷歌风投在 2013 年对 Uber 进行了投资，当时 Uber 的估值仅为 3 亿美元。

2. 投资原因

巨大的市场潜力：Uber 利用移动互联网和大数据技术，成功解决了传统出行市场中的痛点，为用户提供了一种全新的出行方式。随着智能手机的普及和移动互联网的发展，Uber 的市场潜力巨大。

创新的商业模式：Uber 采用共享经济模式，将闲置的私家车资源充分利用起来，降低了运营成本，提高了效率。这种创新的商业模式具有很强的竞争力。

强大的技术实力：Uber 在移动应用、大数据、人工智能等领域具有强大的技术实力。通过技术创新，Uber 能够为用户提供更优质的服务，提高运营效率。

经验丰富的管理团队：Uber 的管理团队具有丰富的行业经验和卓越的领导能力。他们能够带领公司不断开拓市场，实现可持续发展。

3. 投资成果

谷歌风投对 Uber 的投资取得了巨大的成功。随着 Uber 的快速发展，其估值不断攀升。截至 2021 年，Uber 的市值已超过 800 亿美元。谷歌风投作为早期投资者，获得了丰厚的投资回报。

此外，谷歌风投的投资还为 Uber 带来了其他方面的价值。例如，谷歌与 Uber 在自动驾驶技术领域展开了合作，共同推动了自动驾驶技术的发展。这种合作不仅有助于 Uber 提升技术水平，还为谷歌在自动驾驶领域积累了宝贵的经验。

谷歌风险投资 Uber 的成功案例充分展示了风险投资在信息技术领域的巨大潜力。通过投资具有创新商业模式、强大技术实力和丰富管理经验的创业公司，风险投资可以实现高额的投资回报，同时推动行业发展。对于投资者和创业者而言，这一案例具有重要的借鉴意义。

思考题

1. 你还知道哪些信息技术发展中划时代的改变？

2. 从 IPv4 到 IPv6 需要多少年的实施过程？

推荐书目

1.《信息简史》，［美］詹姆斯·格雷克著，高博译，人民邮电出版社 2013 年版。

2.《互联网简史》，袁载誉，中国经济出版社 2020 年版。

3.《未来简史》，［以色列］尤瓦尔·赫拉利著，林俊宏译，中信出版社 2017 版。

4.《数字化生存》，［美］尼古拉·尼葛洛庞蒂著，胡泳、范海燕译，电子工业出版社 2017 版。

推荐电影

1.《硅谷传奇》（1999 年），［美］马丁·斯科塞斯执导。

2.《她》（2013 年），［美］斯派克·琼斯执导。

3.《头号玩家》（2018 年），［美］史蒂文·斯皮尔伯格执导。

第二篇

改变生活

　　每天在上班的公交车上，打开手机，浏览一下新闻或读读畅销小说，或者追看前一天晚上没有看完的电视剧，或者回放半夜错过的足球比赛。上班了，可以在网上检索工作所需的任何帮助信息。午餐吃什么？上网预订一份快餐吧，方便快捷。闲暇时还可以网上理财增加自己的财富积累。假期想出去旅游时，还可以在网上预订车票、酒店……

　　从购物、理财、娱乐到消费，我们的生活正在变得越来越简单，我们开始惊叹信息技术给我们生活方式带来的巨大变化。

【阅读提示】

　　1. 了解信息技术在购物、理财、娱乐等消费行为中的应用和影响。

　　2. 了解信息技术在医疗领域、智能家居系统、政务领域、人们的娱乐生活中的应用。

　　3. 了解信息技术的发展对出行方式的影响。

　　4. 了解信息技术在金融服务方面的影响。

第一节 消费新时尚

随着科技的飞速发展，购物方式也在不断地迭代更新，从传统的实体店铺购物到现代的电子商务，再到如今智能化的购物体验，每一步的变革都极大地提升了消费者的购物效率和满意度。

在过去，人们购物通常需要亲自前往实体店铺，挑选商品、比较价格、排队结账，整个流程既耗时又费力。然而，随着互联网的普及，电子商务迅速崛起，为消费者提供了更为便捷的购物选择。消费者只需通过电脑或手机就能浏览成千上万种商品，随时随地进行购物，大大节省了时间和精力。

但电子商务并不满足于此，它也在不断地进行迭代更新，以满足消费者日益增长的需求。其中，智能化的购物体验成为新的趋势。通过大数据和人工智能技术的应用，电商平台能够精准地分析消费者的购物习惯、兴趣爱好和需求，从而为消费者推荐更符合其个人喜好的商品。同时，智能化的购物体验还体现在支付方式的创新上，如人脸识别、指纹识别等支付方式，进一步提高了购物的安全性和便捷性。

智能化的购物体验还不仅限于此。VR 技术和 AR 技术的应用，让消费者可以在虚拟环境中试穿衣物、体验产品，为购物增添了更多的趣味性和互动性。此外，智能客服、智能物流等技术的应用，也进一步提升了购物的服务质量和效率。

总体来说，购物方式的迭代更新，不仅是科技进步的体现，也是消费者需求不断升级的结果。未来，随着技术的不断发展，购物方式将继续创新和变化，为消费者带来更加美好的购物体验。

一、智能化网上购物

随着信息技术的飞速发展，智能化网上购物已成为现代消费者日常生活中不可或缺的一部分。智能化网上购物不仅改变了传统的购物方式，还极大地提升了购物的效率和便利性。以下将详细介绍智能化网上购物的几个显著特点。

（一）大数据分析更懂你

智能化网上购物的核心特点之一是拥有先进的推荐系统。这些系统基于大数据和人工智能（Artificial Intelligence，AI）技术，能够分析消费者的购物历史、浏览行为和偏好，从而提供个性化的商品推荐。通过智能化推荐，消费者能够更容易地找到符合自己需求的商品，减少搜索和比较的时间，提升购物体验。

（二）购物渠道更多元

智能化网上购物提供了多元化的购物渠道，包括手机、平板、电脑等多种终端设备。消费者可以根据自己的需求和习惯，选择最适合自己的购物方式。此外，智能化网上购物还支持多种支付方式，如在线支付、货到付款等，为消费者提供了更加灵活和便捷的购物体验。

（三）商品种类更丰富

智能化网上购物平台通常拥有海量的商品库存，涵盖服装、数码、家电、食品等领域。消费者可以通过搜索引擎或分类目录，快速找到所需商品，并进行比较和选择。同时，智能化网上购物还提供了丰富的商品信息和用户评价，帮助消费者作出更加明智的购物决策。

（四）物流配送更高效

智能化网上购物平台通常拥有先进的物流配送系统，能够实现快速、准确的订单处理和配送。通过引入先进的物流技术和管理模式，智能化网上购物能够大幅提高配送效率，降低运输成本，从而为消费者提供更加优质和便捷的购物服务。

（五）交易环境更安全

智能化网上购物平台注重保障消费者的交易安全。通过采用先进的加密技术和安全措施，保护消费者的个人信息和支付安全。同时，智能化网上购物还建立了完善的售后服务体系，为消费者提供退换货、维修等保障服务，确保消费者的权益得到保障。

（六）购物形式更趣味

智能化网上购物还融入了社交元素，为消费者提供更加丰富的购物体验。消费者可以在购物平台上分享自己的购物心得、评价商品和店铺，与其他消费者进行交流和互动。这种社交化购物体验不仅能够增加购物的趣味性，还能够帮助消费者更好地了解商品和店铺的实际情况。

二、贴心的外卖服务

随着现代生活节奏的加快，外卖服务已成为我们日常餐饮选择的重要一环。无论是城市中的写字楼、高校还是居民小区，外卖都已渗透到了人们生活的方方面面。下面将详细介绍外卖的特点，以帮助读者更好地理解和使用这一服务。

（一）便捷性

外卖的最大特点之一就是便捷性。消费者只需通过手机或电脑等终端设备，即可轻松下单并选择自己喜爱的餐品。无须亲自前往餐厅，节省了大量的时间和精力。同时，外卖平台通常提供多种支付方式，如在线支付、货到付款等，进一步提升了支付的便捷性。

（二）多样性

外卖服务的另一个显著特点是多样性。无论是中式快餐、西式简餐，还是日式料理、韩国烤肉，消费者都可以在外卖平台上找到自己心仪的美食。此外，外卖平台还提供各种优惠活动和套餐选择，满足了不同消费者的口味和需求。

（三）快速性

外卖服务的快速性也是其受欢迎的重要原因之一。一旦消费者下单成功，餐厅会立即开始制作餐品，并通过专业的配送人员快速送达消费者手中。在快节奏的生活中，外卖服务为人们提供了即时的餐饮解决方案。

（四）互动性

外卖平台通常具备强大的互动性。消费者可以通过平台对餐厅的菜品、服务进行评价和反馈，帮助餐厅不断提升自己的产品质量和服务水平。同时，消费者还可以在平台上与商家进行互动沟通，获取更多的优惠信息和推荐菜品。

（五）安全性

外卖服务在食品安全方面具有较高的保障。大多数外卖平台会对入驻商家进行严格的审核和监管，确保商家具备相应的资质和卫生条件。此外，外卖平台还会对配送人员进行培训和管理，确保他们在配送过程中遵守食品安全规定和操作规范。

三、无处不在的优惠券

在当今的电子商务领域，优惠券平台作为一种重要的营销工具，不仅为商家提供了有效的促销手段，也为消费者带来了实惠的购物体验。以下将详细阐述优惠券平台的主要特点。

（一）广泛的覆盖性

优惠券平台通常具备广泛的覆盖性，可以汇集来自各大电商平台的优惠券信息，为消费者提供一站式的购物优惠服务。这种覆盖性不局限于电商平台，还包括线下实体店铺，形成了线上线下的全面覆盖。

（二）多样的优惠券类型

优惠券平台上的优惠券类型丰富多样，包括折扣券、满额券、免费券、兑换券等。这些不同类型的优惠券能够满足不同消费者的需求，同时能够为商家提供多样化的营销选择。

（三）灵活的发放方式

优惠券平台支持多种灵活的发放方式，如线上发放、会员专享等。线上发放可以通过网站、App、社交媒体等渠道进行，方便快捷；会员专享则可以提高会员的忠诚度和复购率。

（四）个性化的营销策略

优惠券平台允许商家根据不同的客户群体制定个性化的营销策略。商家可以针对不同客户的消费习惯、购买历史等信息，制定符合其需求的优惠券活动，从而提高营销效果。

（五）效果可测性

优惠券平台具有强大的数据分析功能，能够实时跟踪优惠券的使用情况、转化率等关键指标，帮助商家了解营销活动的效果。同时，这些数据也可以为商家提供决策支持，优化后续的营销策略。

（六）高度的互动性

优惠券平台通常具备高度的互动性，允许消费者与商家进行实时互动。消费者可以在平台上查看、领取、分享优惠券，也可以通过平台向商家反馈使用优惠券的体验和意见。这种互动性不仅提高了消费者的参与感，也为商家提供了改进产品和服务的机会。

（七）自助式的购物体验

优惠券平台通常提供自助式的购物体验，消费者可以自由选择商家和商品进行优惠券查询和领取。这种自主选购的操作方式让消费者感受到强烈的个性化体验，同时也实现了优惠券的真正自由。

思考题

1. 信息技术如何改变了消费者的购物行为与习惯？
2. 信息技术在提升消费者体验方面扮演了哪些关键角色？
3. 随着信息技术的不断进步，未来消费市场中可能出现哪些新的消费模式或趋势？

第二节 文娱大荟聚

随着信息技术的迅猛发展，在线娱乐已成为人们生活中不可或缺的一部分。信息技术不仅极大地丰富了在线娱乐的内容，而且深刻改变了其传播方式、互动形式以及用户体验。信息技术的发展使得娱乐内容制作和传播更加便捷，实现了在线娱乐内容的海量增长。以视频内容为例，据统计，截止到 2023 年 5 月移动视频平台的播放月人均时长达到 64.2 小时。同样地，信息技术使得在线娱乐内容类型更加多样化，包括但不限于音乐、游戏、电影、电视剧、短视频等。用户可以根据自己的兴趣和需求选择适合自己的娱乐方式。

一、在线视频平台

随着互联网技术的快速发展，在线视频平台逐渐成为人们获取信息和娱乐的重要渠道。例如，腾讯、爱奇艺、优酷、芒果 TV 和哔哩哔哩等在线视频平台各有千秋，侧重点也不尽相同，下面我们将以上述平台为例，介绍在线视频的特点（该举例仅代表本书观点，无商业引导用途）。

（一）腾讯的特点

（1）内容资源丰富：腾讯视频涵盖电影、电视剧、综艺、动画片等类型，尤其在体育赛事直播方面有着独特的优势，如有 NBA、英超等热门体育赛事的直播权。

（2）用户体验优化：腾讯视频背靠社交软件的强大引流作用，用户可以通过微信、QQ 等社交软件直接登录，降低了使用门槛。同时，其注重与社交软件的互动，如弹幕、评论等功能，增强了用户的参与感和归属感。

（3）技术创新：腾讯视频推出了多种互动功能，如弹幕、礼物打赏等，增强了用户的娱乐性和参与感。同时，其在画质和音效方面的提升，如 4K 高清、杜比音效等技术的应用，为用户带来了更加震撼的观影体验。

（二）爱奇艺的特点

（1）动画片与独播剧优势：爱奇艺在动画片和独播剧方面有着明显的优势，如《延禧攻略》《琅琊榜》等热门独播剧集，吸引了大量年轻用户。

（2）智能推荐技术：爱奇艺推出了智能推荐算法，根据用户的观影历史和偏好，为用户推荐合适的内容，提升了用户的满意度。

（3）技术创新与应用：爱奇艺在技术创新方面也取得了显著成果，如其在生成式 AI 技术上的应用，为广告收入的增长作出了突出贡献，提高了广告主的投资回报率。

（三）优酷的特点

（1）丰富的资源库：优酷作为阿里巴巴文化娱乐集团旗下的视频平台，提供了大量的电影、电视剧、综艺节目等资源，其中包括许多经典作品和国际热门作品。

（2）技术创新：优酷注重技术创新，为用户提供多种清晰度选项，如 4K 超高清画质，以及多种音效模式，满足用户对视觉和听觉的追求。

（3）跨平台使用：优酷支持多种设备，包括手机、平板电脑等，用户可以在不同平台上轻松观看视频，实现无缝切换。

（4）极速播放体验：优酷客户端可以启用极速版，该版本界面简洁，播放剧集时直接弹出窗口，为用户提供更加简洁方便的观看体验。

（5）自动记录播放：登录优酷后，系统会自动保存播放记录，方便用户随时继续观看。

（四）芒果 TV

（1）依托电视台的在线视频：芒果 TV 作为湖南广电旗下唯一互联网视频平台，拥有众多湖南卫视独家综艺节目和电视剧的版权，如《乘风破浪的姐姐》《妻子的浪漫旅行》等。

（2）视听互动体验：芒果 TV 注重视听互动，为用户提供了用户评论、弹幕互动等多种功能，使用户能够更加便捷地观看视频，并与其他观众进行实时交流。

（3）"多屏合一"：芒果 TV 实现了"多屏合一"的播放模式，用户可以在电视、手机、平板电脑等不同设备上无缝切换观看。

（4）自制内容：芒果 TV 投入大量资源自制内容，如《花样江湖》《金牌红娘》等自制剧，为用户提供了更多元化的选择。

（5）商业盈利能力强：芒果 TV 在短短几年内实现了盈利，并连续多年获评中国互联网企业百强和"世界媒体五百强"。

（五）哔哩哔哩

（1）二次元文化聚焦：哔哩哔哩是一个以二次元文化为主题的视频分享平台，吸引了大量对动画片、漫画、游戏等二次元文化感兴趣的用户。

（2）丰富的内容生态：除核心的哔哩哔哩网站和 App 之外，哔哩哔哩还推出了杂志、漫画、音乐和直播等一系列产品，满足了用户对不同类型内容的需求。

（3）互动性强：哔哩哔哩的弹幕、评论等互动功能十分发达，用户可以在观看视频的同时与其他用户进行实时交流，增强了用户的参与感和归属感。

作为国内领先的在线视频平台，各自在内容资源、用户体验和技术创新等方面有着独特的特点和优势。它们通过不断地优化和创新，为用户提供更加丰富多样的视频内容和更加优质的观影体验，推动了中国在线视频行业的快速发展。

二、文学读写更容易

随着信息技术的飞速发展，信息技术与文学的结合已成为现代教育的必然趋势。这种结合不仅极大地丰富了文学的表现形式，也为读者提供了更为广阔的阅读视野。

文学资源呈现出前所未有的丰富性、共享性和海量化特点。互联网上的文学网站、电子书库等，为读者提供了海量的文学作品。这些作品包括古今中外的名著、散文、小说、诗歌等，满足不同读者的阅读需求。同时，这些资源也具有共享性，读者可以随时随地访问和获取，极大地拓宽了文学的传播渠道。

文学作品不再仅以文字形式呈现，而是通过多媒体网络资源实现多样化、立体化和动态化的展示。例如，文学作品可以通过配乐、配图、动画等形式进行展示，使读者在欣赏文学作品的同时，能够获得更为丰富的感官体验。这种多媒体的呈现方式不仅丰富了文学的表现形式，也提高了读者的阅读兴趣和理解能力。

信息技术与文学的结合还具有交互性和开放性的特点。读者可以通过网络平台与作者、其他读者进行互动交流，分享自己的阅读心得和感悟。这种交流方式打破了时间和空间的限制，使读者能够更加深入地理解文学作品。同时，信息技术也为文学作品的创作提供了更为广阔的舞台。作者可以通过网络平台发布自己的作品，接受读者的反馈和建议，不断改进和提高自己的写作水平。

信息技术与文学的结合也促进了读者学习的主动性。在信息化时代，读者可以根据自己的兴趣和需求选择适合自己的文学作品进行阅读。同时，他们也可以通过网络平台查找相关的文学资料和背景信息，加深对文学作品的理解。这种主动性的学习方式不仅提高了读者的学习效果，也培养了他们的自主学习能力。

三、音乐放松不能少

随着信息技术的飞速发展，音乐行业也迎来了前所未有的变革。下面，本书将深入解析信息技术与音乐结合的特点。

（一）数字化音乐平台的崛起

1. 丰富的音乐资源

QQ 音乐、酷狗音乐、网易音乐等数字化音乐平台，以庞大的音乐库、丰富的音乐资源为特点，满足了用户对音乐的多样化需求。这些平台不仅涵盖古典、流行、摇滚、民谣等音乐类型，还为用户提供了个性化的推荐服务，使用户能够轻松发现符合自己口味的音乐作品。

2. 便捷的在线服务

数字化音乐平台提供了便捷的在线服务，使用户能够随时随地享受音乐。用户只需通过网络连接，即可在平台上收听音乐、观看 MV、参与音乐活动等。这种服务模式打破了传统音乐行业的地域限制，使得音乐的传播更加广泛和迅速。

（二）信息技术在音乐中的应用

1. 精准推荐算法

QQ 音乐、酷狗音乐、网易音乐等平台运用了先进的推荐算法技术，能够根据用户的听歌记录、喜好等信息，为用户推荐符合其口味的音乐作品。这种技术不仅提高了用户的使用体验，也促进了音乐内容的传播和分享。

2. 高品质音乐传输

数字化音乐平台采用高品质的音乐传输技术，保证了音乐在传输过程中的清晰度和音质。例如，QQ 音乐推出的"骁龙臻品音质"，通过数字声音增强引擎进阶技术，将原歌曲采样率提升至 96kHz，为用户带来更清晰、更生动的听感体验。

3. VR 技术的应用

随着 VR 技术的发展，数字化音乐平台开始尝试将 VR 技术与音乐相结合。例如，用户可以通过 VR 设备进入虚拟音乐场景，身临其境地感受音乐的魅力。这种技术的应用为用户带来了全新的音乐体验，也拓宽了音乐的表现形式和传播渠道。

（三）信息技术与音乐结合的意义

1. 推动音乐产业的发展

信息技术与音乐的结合为音乐产业带来了革命性的变革。通过数字化音乐平台，音乐作品能够更加广泛地传播和分享，为音乐人提供了更多的展示机会和收入来源。同时，平台上的音乐推荐算法技术也为音乐人提供了更多的曝光机会和粉丝互动渠道。

2. 丰富人们的文化生活

数字化音乐平台的崛起和信息技术的应用，使人们能够更加便捷地享受音乐、参与音乐活动。这不仅丰富了人们的文化生活，也提高了人们的音乐素养和审美能力。同时，平台上的社交功能也为用户提供了更多的交流和互动机会，促进了文化交流和传播。

3. 促进音乐教育的创新

信息技术与音乐的结合为音乐教育带来了创新的可能。通过数字化音乐平台和 VR 技术，教师可以为学生提供更加生动、直观的教学资源和学习体验。同时，学生也可以通过网络平台进行自主学习和探究学习，提高学习效率和兴趣。

四、精品游戏乐趣多

信息技术为游戏行业带来了前所未有的变革和机遇。它打破了传统游戏的界限，让玩家可以随时随地、以更加多元和沉浸的方式体验游戏。通过云计算、大数据、人工智能等技术的应用，游戏在画质、音效、互动性等方面得到了显著提升，为玩家带来了更为真实、丰富的游戏体验。同时，信息技术还推动了游戏产业的全球化发展，使得世界各地的玩家可以共享游戏资源和乐趣。

（一）游戏机的光辉历程

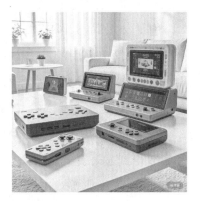

游戏机的光辉历程可以追溯到多个重要的发展阶段，这些阶段不仅体现了技术的飞速进步，也反映了人类对娱乐需求的不断追求和创新。以下是游戏机的发展历程：

1. 投币游戏机的兴起（19 世纪末至 20 世纪五六十年代）

1888 年，德国人斯托威克发明了"自动产蛋机"，被认为是投币游戏机的雏形。随后，德国出现了"八音盒"游戏机，通过投币触发音乐播放。魔术师伯莱姆设计了投币影像游戏机，使游戏更具观赏性。经济萧条期间，赌博性质的投币游戏机一度盛行，但游戏内容单一、趣味性差。

2. 电子游戏机的诞生（第二次世界大战后）

随着电子计算机技术的迅猛发展，电子游戏开始进入人们的视野。诺兰·布什内尔等电子工程师利用计算机软件技术设计游戏，模拟与人斗智的场景。这些电子游戏最初仅限于计算机，但很快就出现了专门用于游戏的电子设备。

3. 家用游戏机的崛起（20世纪70年代至今）

（1）第一世代（1972—1977年）：

Ralph Baer 发明了世界上第一台家用游戏机奥德赛（Odyssey）。雅达利公司推出《Pong》乒乓球游戏，成为第一款风靡全美的家用游戏。

（2）第二世代（1976—1983年）：

雅达利2600家用游戏主机上市，开启了卡带式家用游戏主机的时代。该主机可运行上百种游戏，但后期游戏质量参差不齐，导致市场下滑。

（3）第三世代（1983—1987年）：

任天堂公司推出 FC（Family Computer）游戏主机，开启红白机时代。FC 以简单易用的操作方式和丰富的游戏内容，迅速风靡全球。FC时代涌现出众多经典游戏，如《魂斗罗》《超级玛丽》等。

（4）第四世代及以后（1987年至今）：

随着技术的不断进步，游戏机进入16位、32位和64位时代，画面和音效得到显著提升。世嘉、索尼和任天堂等公司相继推出 MD、SFC、PS1、N64 等经典游戏主机。

进入21世纪后，随着移动互联网的兴起，掌上游戏机、手机游戏等新兴娱乐方式逐渐兴起，但家用游戏机依然凭借其独特的优势和丰富的游戏内容，吸引着大量忠实玩家。

（二）端游页游的辛酸史

对于端游来说，其最初的辉煌是令人难以忘怀的。那个时代，玩家需要在家中安装厚重的客户端，才能进入那些精美的游戏世界。然而，随着科技的进步和互联网的发展，玩家对游戏的需求和期待也在不断提高。端游面临的挑战日益严峻，需要不断更新技术、优化游戏体验，以满足玩家的需求。

页游，即网页游戏，虽然无须玩家安装客户端，直接通过浏览器即可进行游戏，但在其发展历程中也经历了不少的辛酸。页游最初以简单、便捷为卖点，这也导致了其游戏质量和游戏体验的局限性。为了吸引更多的玩家，页游需要不断创新，提升游戏的品质和体验，同时要与各种外挂、作弊行为作斗争，确保游戏的公平性和稳定性。

在端游和页游的发展过程中，还面临着来自移动游戏的巨大冲击。随着智能手机的普及和移动网络的发展，移动游戏以便携性、易上手性等特点迅速崛起，成为了游戏市场的新宠。这对于端游和页游来说无疑是一个巨大的挑战。

然而，尽管面临诸多困难和挑战，端游和页游仍然在不断努力和创新。它们通过引入新的游戏玩法、提升游戏品质、优化游戏体验等方式来吸引玩家。同时，它们也在不断学习和借鉴移动游戏的优点和成功经验，努力提升自己的竞争力。

总体来说，端游和页游的辛酸史是它们发展历程中不可或缺的一部分，也正是这些辛酸和挑战推动了它们的不断进步和发展。

(三) 手游的前世今生

1. 起源与早期发展

黑白屏时代：早期的手机完全没有游戏功能，直到1994年，Hagenuk公司在其手机Hagenuk-2000上推出了"俄罗斯方块"游戏，这是手机游戏历史的开始。随后，"贪吃蛇"游戏在诺基亚6110手机上出现，进一步推动了手游的发展。

功能机时代：2001年，java手机在日本上市，为手机游戏带来了更高效与稳定的运行环境。随着手机功能的不断增强，彩色屏幕和硬件性能的提升为手机游戏带来了无限可能。这一时期，越来越多的传统游戏公司开始涉足手机游戏领域。

2. 智能机时代的崛起

iPhone 与安卓手机的兴起：2007 年，第一代 iPhone 的发售标志着智能手机时代的来临。智能手机的革新，除了硬件、画面这些外在的东西，更重要的是全面触屏的操作彻底颠覆了手机游戏的游戏方式。由此催生出了《水果忍者》《愤怒的小鸟》等一大批充分利用触摸屏特性的手机游戏。

国内手游市场的兴起：随着智能手机的普及，中国手游市场也迎来了快速发展的机遇。日本手游在初期的领先地位得益于其地区 3G 手机的普及，而 iPhone 的诞生进一步推动了智能手机市场上移动游戏的快速发展。中国的游戏厂商如腾讯、网易等也开始进军手游市场，推出了一系列备受欢迎的手游产品。

3. 当前手游市场现状

市场规模与增速：近年来，随着移动互联网以及智能移动终端设备的快速发展，我国游戏市场规模不断增长，尤其是移动游戏（手游）得到了快速发展，且远超端游和页游。近两年，我国游戏市场规模增长明显放缓，并在 2022 年出现了负增长。

游戏类型与题材：目前，手游市场以角色扮演类游戏、卡牌类游戏为主。从 IP 不同来源来看，原创 IP 是我国移动游戏市场中的主流。玄幻/魔幻题材在收入排名前 100 的移动游戏产品中占比较大。

【拓展阅读】

游戏 IP，即游戏知识产权（Intellectual Property），是指在电子游戏领域中，具有独特创意、故事背景、角色形象、视觉风格、音乐音效等一系列可识别且受法律保护的原创性元素及其组合。这些元素不仅构成了游戏的核心内容和特色，也是游戏开发者智慧与创意的结晶，拥有极高的商业和文化价值。

一个成功的游戏 IP，往往能够跨越不同的游戏平台（如 PC、主机、移动设备等），甚至延伸到其他媒体形式，如动画电影、电视剧、小说、漫画、周边商品等，形成跨媒体、跨行业的综合文化现象。例如，《魔兽世界》《最终幻想》《宝可梦》等，这些游戏 IP 不仅在游戏界内享有盛誉，其衍生作品也深受全球粉丝的喜爱，构建了庞大的粉丝经济和文化生态。

游戏 IP 的打造和维护是一个长期且复杂的过程，需要持续的内容创新、高质量的游戏体验、有效的市场推广以及积极的粉丝互动。随着技术的发展和市场的变化，游戏 IP 也需要不断进化，以适应新的玩家需求和行业趋势，保持其生命力和竞争力。因此，对于游戏开发商而言，拥有一个强大的游戏 IP，不仅是品牌实力的象征，也是开拓新市场、实现可持续发展的重要基石。

4. 未来展望

随着技术的不断进步和市场的不断变化，手游行业将继续保持快速发展的态势。未来，随着 5G、AI 等新技术的应用，手游将拥有更丰富的表现力和更高的游戏性。同时，随着全球化趋势的加强，国内外手游市场的竞争也将更加激烈。

（四）VR 的异军突起

VR 技术起源于 20 世纪 60 年代，随着计算机技术的飞速发展，虚拟现实逐渐成为可能。尤其是进入 21 世纪以来，计算机硬件性能的大幅提升以及软件的日益成熟，为 VR 游戏的快速发展提供了坚实的基础。

2012 年，Oculus VR 公司推出了一款名为"Oculus Rift"的 VR 头戴设备，标志着 VR 技术进入了一个全新的阶段。随后，各大科技厂商纷纷进入 VR 市场，推动了 VR 游戏硬件和内容的蓬勃发展。

根据市场研究数据，2021 年全球 VR 设备出货量突破千万台，VR 游戏市场也随之快速增长。虽然受到全球科技行业遇冷等因素的影响，2023 年全球 VR 设备出货量有所回落，但仍保持在较高水平。市场预测，2024 年全球 VR 终端设备出货较去年将有小幅上涨，预计超过 810 万台。中国 VR 游戏市场也呈现出强劲的增长势头。随着国内 VR 硬件厂商的不断涌现和 VR 游戏内容的不断丰富，中国 VR 游戏行业正迎来高速发展的黄金时期。

VR 游戏已经不仅是单纯的游戏产品，还广泛应用于医疗健康、旅游、教育等多个领域。例如，在医疗健康领域，VR 技术可以实现人体器官的虚拟展示和手术演练等操作；在旅游领域，用户可以通过 VR 技术足不出户游览世界各地的名胜古迹。

VR 游戏最大的特点就是沉浸式的游戏体验。玩家可以通过 VR 眼镜和手柄控制器等设备，完全沉浸在虚拟的游戏世界中，获得身临其境的感觉。这种沉浸式的游戏体验让玩家更加深入地参与到游戏中，提高了游戏的趣味性和吸引力。

随着 VR 技术的不断发展和完善，VR 游戏将逐渐走向成熟和普及。未来，VR 游戏将更加注重内容的创新和品质的提升，同时会更加注重与其他行业的融合和跨界合作。此外，随着 5G、云计算等新一代信息技术的普及和应用，VR 游戏的网络连接和数据处理能力将得到大幅提升，为玩家带来更加流畅和高质量的游戏体验。

思考题

1. 信息技术如何促进娱乐内容的多样化和全球化？

2. 信息技术如何影响娱乐消费者的行为模式和偏好？

3. 面对信息技术的快速发展，娱乐产业应如何适应和应对未来的挑战与机遇？

第三节　出行很便利

随着信息技术的快速发展，人们的生活方式正经历着前所未有的变革。特别是在出行领域，一系列信息技术工具的涌现，如共享单车、实时公交、"铁路 12306"、携程、高德地图、"交管 12123" 等 App 的出现，极大地丰富了我们的出行选择、优化出行的路线、节约时间的成本，让我们足不出户即可约车、制定旅游计划、购买车票、购买机票、处理交通违章，极大地提高了出行效率，使出行变得更加便捷、高效、智能。下面我们说一说信息技术给出行带来的影响。

一、出行方式的多样化

信息技术的发展使得出行方式呈现出多样化趋势。除传统的步行、自行车、公交、出租车等出行方式之外，共享单车、网约车等新型出行方式应运而生。这些新型出行方式以便捷、高效、灵活的特点，迅速赢得了用户的青睐。

二、出行效率的提高

信息技术工具的广泛应用，使得出行效率得到了显著提高。例如，实时公交 App 可以实时查询公交车到站时间，方便乘客合理安排出行时间；网约车 App 通过实时匹配供需信息，实现快速叫车，大大缩短了等车时间；高德地图等导航 App 提供实时路况信息，帮助驾驶员规划最优路线，避免拥堵。

三、出行体验的优化

信息技术的发展使出行体验得到了显著提升。通过共享单车 App，用户可以随时随地找到附近的单车，实现短途出行；通过携程、"铁路 12306"等 App，用户可以轻松预订火车票、机票等，实现远程出行；通过"交管 12123"等 App，用户可以查询交通违章、路况等信息，提升驾驶安全性。这些信息技术工具使出行变得更加便捷、舒适、安全。

四、出行模式的变革

信息技术的发展使得出行模式发生了深刻变革。传统的公共交通模式已无法满足人们的出行需求，而个性化、定制化、共享化的出行模式逐渐成为主流。例如，网约车平台通过大数据分析，实现供需精准匹配，为用户提供更加个性化的出行服务；共享单车则通过共享经济模式，实现了出行资源的共享和优化配置。

五、交通管理模式的创新

信息技术的发展使得交通管理模式也发生了创新。通过实时数据采集和分析，交通管理部门可以更加准确地掌握交通状况，实现精准治堵、车路协同等智能化管理。同时，信息技术手段还可以有效打击交通违法行为，提高交通安全水平。

六、环保理念的普及

信息技术的发展也促进了环保理念的普及。共享单车、电动汽车等绿色出行方式逐渐受到人们的青睐，成为现代出行的新选择。这些绿色出行方式不仅有助于减少交通拥堵和污染，还可以促进可持续发展。

【拓展阅读】

下面分享几个常用的 App：

1. 滴滴打车

滴滴打车 App 由滴滴出行（北京）网络平台技术有限公司开发，是一款集网约车、出租车、顺风车、代驾等出行方式于一体的移动应用。通过智能手机，用户可以轻松实现叫车、支付、评价等全过程操作，极大地方便了人们的日常出行。

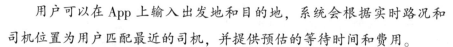

（1）主要功能。

①叫车服务：

用户可以在 App 上输入出发地和目的地，系统会根据实时路况和司机位置为用户匹配最近的司机，并提供预估的等待时间和费用。

支持多种车型选择，包括经济型、舒适型、豪华型等，满足不同用户的出行需求。

提供多种叫车方式，如即时叫车、预约叫车、拼车等，用户可根据自己的需求灵活选择。

②支付功能：

滴滴打车 App 支持多种支付方式，包括支付宝、微信支付、银行卡等，用户可以根据自己的喜好和便利性选择支付方式。

完成行程后，系统会自动计算费用并生成支付订单，用户只需点击支付按钮即可完成支付。

③评价系统：

每次行程结束后，用户可以对司机的服务态度、驾驶技术、车辆卫生等方面进行评价，帮助其他用户了解司机的服务质量。

评价结果将作为司机信誉评级的依据，促使司机提升服务质量。

（2）使用流程。

①下载安装：

用户可以在手机应用商店搜索"滴滴打车"或"DiDi"，下载并安装 App。

②注册登录：

打开 App 后，用户需要注册一个账号，填写手机号码、验证码和密码等信息，并同意用户协议和隐私政策。

③叫车：

在 App 首页，用户可以选择出发地和目的地，并选择车型和叫车方式。

点击"叫车"按钮后，系统会开始为用户匹配司机，并显示预估的等待时间和费用。

④等待司机接单：

用户可以在 App 上查看司机的实时位置和预计到达时间。

当司机接单后，用户会收到通知，并可以通过 App 与司机进行电话联系。

⑤乘车与支付：

司机到达指定地点后，用户核对司机信息和车辆信息无误后即可上车。

到达目的地后，用户可以在 App 上完成支付，并可以对司机的服务进行评价。

（3）安全保障。

滴滴打车 App 在安全保障方面做了大量工作，包括：

司机审核：对司机进行严格的身份认证和背景调查，确保司机具备合法资质和良好信誉。

行程分享：用户可以将行程信息分享给家人或朋友，让他们实时了解用户的出行情况。

紧急求助：在行程中遇到紧急情况时，用户可以通过 App 一键求助，快速联系警方或客服。

2. 美团共享单车

美团共享单车作为城市交通体系中的重要组成部分，以便捷性、环保性和智能化等特点为市民提供了短距离出行的优选方案。通过美团 App 或微信小程序，用户可以轻松找到并租用美团共享单车，完成绿色出行。

（1）产品特点。

①车型设计：美团共享单车注重骑行舒适度，通过优化链条等相关部位的设计，使得骑行更为省力。新款车型更是采用了加宽加厚的坐垫，采用一体发泡注塑工艺，兼具舒适性与耐磨性，降低了人为破坏的风险。

②服务体验：美团共享单车提供了出色的服务体验。用户可以通过美团 App 或微信小程序轻松完成注册、扫码骑行、临时停车和定点还车等操作。当车辆出现故障时，用户还可以通过 App 迅速报故障并换车，不必担心扣费问题。

③覆盖范围：美团共享单车凭借其强大的市场布局能力，覆盖了城市各个角落，方便用户随时启用。同时，新车采用了"北斗+GPS 高精度"双频定位技术，优化了天线设计，提升了定位精度，使得用户能够更准确地找到并使用共享单车。

④智能化管理：美团共享单车通过引入大数据和互联网技术，优化了单车的调度和管理。智能中控系统能够自动检测车轮行驶状态，避免用户骑行中出现误关锁的风险。此外，新车还使用了防粘贴涂层，使得"牛皮癣"等小广告不易附着，更容易清除，维护了市容的干净整洁。

（2）使用流程。

①注册与认证：新用户使用微信进入"美团"小程序或下载美团 App，注册并认证信息（无须缴纳押金或预付金）。已是美团用户的可直接扫码骑行。

②扫码骑车：使用微信或美团 App 扫一扫车头的二维码，解锁单

车，规范骑行。

③临时停车：在骑行主页点击"临时关锁"选项进行锁车。

④定点还车：骑行到达目的地后，寻找地图上的P点，将车辆停放至线内，点击"我要还车"选项。

（3）收费标准。

北京地区美团单车的收费标准为：起步价1.5元，每超出30分钟1.5元。

（4）环保与绿色出行。

美团共享单车积极倡导绿色出行理念，鼓励市民选择低碳、环保的出行方式。通过骑行美团共享单车，用户不仅能够享受到便捷的出行服务，还能够为环境保护贡献自己的力量。

3. 地图App

高德地图、腾讯地图、百度地图等地图App作为广受欢迎的导航与位置服务应用，集成了多种实用的功能，为用户的出行、旅游、生活等方面提供了极大的便利。

（1）实时路况与导航。

①实时路况。

地图App能够实时显示当前位置和目的地的路况信息，包括拥堵程度、施工区域、事故路段等，帮助用户合理规划路线，避开拥堵路段，提高出行效率。

②语音导航。

用户只需设定目的地，地图App即可自动规划出合适的路线，并通过语音方式进行导航。这一功能不仅减少了用户操作手机的频率，还提高了驾驶安全性。

③多种路线规划。

地图App提供多种路线规划选项，如最短时间路线、最短距离路线、避开拥堵路线等，用户可以根据自己的需求选择最合适的路线。

④车道级导航。

车道级导航功能利用高精度定位技术，能够准确显示车辆所在的车道及前方车道的路况信息，为用户在复杂路口或高速公路上行驶提供更加精准的指引。

（2）出行服务。

①实时公交信息。

地图 App 提供实时的公交信息，包括公交车到站时间、到站地点等，帮助用户更好地规划乘坐公交车的出行计划。

②打车服务。

用户可以通过地图 App 直接呼叫出租车或网约车，省去了单独下载打车应用的麻烦。同时，地图 App 还提供了多种打车方式供用户选择。

③共享单车与骑行导航。

地图 App 支持共享单车查询与骑行导航功能，用户可以在地图上找到附近的共享单车停放点，并规划出最合适的骑行路线。

（3）生活服务。

①周边搜索。

用户可以在地图 App 上搜索周边的餐厅、酒店、加油站、银行等服务设施，并查看详细信息及评价，方便用户进行选择和决策。

②天气预报。

地图 App 还提供了实时天气预报功能，用户可以随时查看当前及未来几天的天气情况，为出行做好充分准备。

③特色功能。

红绿灯倒计时。该功能可实时计算红绿灯倒计时读秒及需要等待的红绿灯轮次，帮助用户更好地掌握交通信号变化，提高行驶安全性。

3D 城市地图。地图 App 支持 3D 城市地图功能，以更加立体的方式展现城市建筑和道路情况，让用户更直观地了解当前位置和周围环境。

防晒导航。防晒导航功能通过动态光影跟踪技术，实时计算覆盖道路的阴影面积，为用户提供一个更清凉的出行体验，尤其适用于步行或骑行用户。

语音唤醒与报平安。用户可以通过语音唤醒功能快速启动地图 App 并进行操作；同时，"报平安"功能允许用户分享实时位置给家人、朋友，增加出行安全感。

4. "交管 12123"

"交管 12123"是由公安部交通管理科学研究所开发的官方互联网交通安全综合服务管理平台的唯一手机客户端应用软件。它旨在通过互联网平台服务模式，为广大车主和驾驶人提供全面、便捷的交通安全服务。自 2015 年下半年开始试点运行，现已在全国范围内广泛推广使用，成为广大车主和驾驶人办理交通管理业务的重要工具。

（1）主要功能。

①机动车业务。

机动车选号：包括新车选号、在用车选号等。

备案非本人机动车：方便用户管理名下及非名下机动车。

机动车转籍申请：实现跨地域机动车业务办理。

免检车申领检验标志：线上申领，无须到窗口办理。

补换领机动车号牌、行驶证、检验合格标志等。

②驾驶证业务。

驾驶证考试：预约驾驶人考试，包括科目一、科目二、科目三等，以及考试信息公布及费用缴纳。

驾驶证补换领：遗失、损坏或到期换领驾驶证。

驾驶证电子版：申请并保存电子驾驶证，方便出示和使用。

延期换领驾驶证、提交身份证明、驾驶证审验等。

③违法处理业务。

违法信息查询及处理：查询并处理机动车和驾驶证的违法记录。

罚款缴纳：在线缴纳交通违法罚款。

④事故处理业务。

轻微交通事故视频快处：在部分城市支持轻微交通事故线上快速处理。

⑤学习教育业务。

学法减分：通过学习交通安全知识减免交通违法记分。

驾驶人审验、满分学习考试等。

⑥便民服务。

一键挪车：针对车辆被挡且无法联系车主的情况，提供挪车服务。

老年人业务代办：支持亲友通过 App 为老年人代办相关业务。

（2）特点与优势。

①全面性：涵盖机动车、驾驶证、违法处理、事故处理、学习教育等业务，满足用户全方位需求。

②便捷性：用户随时随地可通过手机办理业务，无须再到窗口排队等候。

③实时性：提供实时交通违法、事故处理、车辆年检等信息查询服务。

④安全性：采用人脸识别、短信验证码等安全措施，确保用户信息安全。

（3）使用方法。

①下载安装：用户可通过苹果应用商店（App Store）或安卓应用市场搜索"交管12123"下载安装。

②注册登录：按照系统提示填写个人信息，完成注册并登录。

③绑定信息：绑定个人机动车和驾驶证信息，以便办理相关业务。

④业务办理：根据个人需求选择相应业务模块进行办理。

思考题

1. 信息技术如何改变人们的出行方式和习惯？

2. 信息技术在提升公共交通服务质量和乘客体验方面有哪些应用？

3. 你还知道哪些更绿色、更环保、更便捷的出行新方式？

第四节 金融看得见

随着信息技术的日新月异,金融行业如同繁星闪烁的夜空,迎来了璀璨而深刻的变革。在这股浪潮中,网上银行、手机银行、手机支付和数字人民币等创新模式,如同璀璨的星辰,照亮了金融行业的未来之路,让金融随时随地看得见、摸得着。

一、网上银行,打开了便捷之门

网上银行以其独特的魅力,打开了金融服务的新篇章。它打破了传统银行网点的束缚,让用户随时随地都能轻松享受账户查询、转账汇款、贷款申请等服务。这扇门的敞开,让金融服务更加便利,也为人们的生活带来了前所未有的便捷与舒适。

二、手机银行,执掌了移动宝库

手机银行作为网上银行的掌中明珠,为金融领域带来了更加贴心的服务。它不仅继承了网上银行的优点,更是凭借移动设备的便捷性,让用户随时随地都能掌握自己的财务状况。它犹如一个掌中宝库,为用户提供更加实时、创新、互动的金融服务体验。

三、手机支付,开启了新新之路

手机支付以其方便快捷的特性,迅速成为人们日常生活中不可或缺的支付方式。无论是超市购物、餐馆就餐还是线上购物，只需轻轻一点，即可完成支付。它让现金和银行卡成为过去式，也为人们的支付生活带来了全新的便捷体验。同时，它还推动了金融服务的普及和发展，让更多人享受到了金融的便利。

下面为大家介绍 2 种最常用的支付方式。

1. 微信支付

微信支付是腾讯公司旗下的第三方支付平台，集成在微信客户端中，为用户提供安全、快捷、高效的支付服务。用户可以通过手机完成支付流程，无须携带现金或银行卡，极大地提高了支付的便捷性。

（1）功能与特点。

多样化支付方式：支持刷卡支付、扫码支付、公众号支付、App 支付等多种支付方式，满足不同场景下的支付需求。

社交属性强：与微信社交功能紧密结合，用户可以通过红包、转账等方式与亲朋好友进行资金往来。

营销工具丰富：提供企业红包、代金券、立减优惠等营销工具，助力商家吸引顾客、提升销售额。

安全性高：采用多重加密技术和风控措施，确保支付过程的安全可靠。

（2）使用流程。

开通微信支付：用户需要在微信中绑定银行卡，并完成身份认证。

选择支付方式：在商家提供的支付界面上选择微信支付方式。

输入支付密码：根据提示输入支付密码或进行指纹/面部识别验证。

支付成功：支付成功后，用户会收到支付成功的通知，商家也会收到相应的款项。

2. 支付宝支付

支付宝支付是蚂蚁科技集团股份有限公司旗下的第三方支付平台，也是中国最早的第三方支付平台之一。它为用户提供安全、快速的在线支付解决方案，广泛应用于电商购物、生活缴费、出行打车等多个领域。

（1）功能与特点。

全面覆盖：支持线上线下的多种支付场景，包括网上购物、线下购物、餐饮娱乐等。

金融服务丰富：除支付功能外，还提供理财、保险、贷款等金融服务。

安全可靠：采用先进的加密技术和风控系统，确保用户资金的安全。

便捷性高：支持多种支付方式，包括余额支付、银行卡支付、花呗等，满足用户的不同需求。

（2）使用流程。

注册与登录：用户需要先在支付宝上注册账号并登录。

绑定支付方式：在支付宝中绑定银行卡、信用卡或设置余额支付方式。

选择支付方式：在商家提供的支付界面上选择支付宝支付方式。

确认支付：根据提示输入支付密码或使用指纹/面部识别验证完成支付。

支付成功：支付成功后，用户会收到支付成功的通知，商家也会收到相应的款项。

四、数字人民币，未来的货币之星

数字人民币是中国人民银行发行的法定数字货币，其以独特的区块链技术为金融行业带来前所未有的变革。它具备了被监控性、可追溯性和资金可追回性等特点，让金融交易更加安全、透明。同时，它还推动了金融创新的发展，为金融行业注入了新的活力。数字人民币的推出，如同一颗璀璨的星星，照亮了金融行业的未来之路。

信息技术为金融行业带来了无尽的魅力和可能。网上银行、手机银行、手机支付和数字人民币等创新模式，不仅提高了金融服务的便捷性和效率，也促进了金融行业的普惠和创新。随着信息技术的不断发展，我们相信金融行业的未来将更加美好，如同繁星闪烁的夜空，充满无限可能。

【拓展阅读】

手机银行 App 是各大银行为广大客户提供的一款集金融服务、生活服务、支付结算等功能于一体的综合性移动应用。它不仅涵盖了传统银行业务的线上化操作，还融入了更多智能化、个性化的服务体验，旨在为客户提供更加便捷、安全、高效的金融服务。

1. 主要功能

（1）账户管理。

账户查询：客户可以随时随地查看自己名下在银行的各类账户信息，包括储蓄卡、信用卡、定期存款等，了解账户余额、交易明细等。

余额变动提醒：支持自定义设置余额变动提醒，确保客户第一时间掌握账户资金动态。

（2）转账汇款。

提供行内转账、跨行转账、跨境汇款等转账方式，满足客户多样化的转账需求。

支持大额转账、预约转账、定时转账等特色服务，方便客户灵活安排资金。

转账过程中采用多重安全验证机制，确保资金安全。

（3）信用卡服务。

信用卡账单查询、还款、分期申请、积分查询与兑换等功能一应俱全。

提供信用卡申请进度查询、额度调整等服务，方便客户管理信用卡。

（4）投资理财。

覆盖基金、股票、债券、贵金属、外汇等多种投资品种，为客户提供丰富的投资选择。

提供智能投顾服务，根据客户的风险偏好和投资目标，量身定制投资方案。

（5）生活服务。

支持扫码支付、手机充值、水电煤气缴费等日常生活服务，方便客户快速完成支付和缴费。

提供机票预订、酒店预订、火车票购买等出行服务，满足客户的出行需求。

（6）贷款服务。

提供个人贷款、小微企业贷款等多种贷款产品，客户可以在线申请贷款、查询贷款进度、还款等。

支持贷款试算、还款计划查询等功能，帮助客户更好地规划贷款和还款。

（7）安全保障。

采用先进的加密技术保护客户的交易信息和账户安全。

支持指纹识别、面部识别等多种生物识别技术登录和支付验证方式。

提供账户安全锁、短信验证码等安全设置选项，客户可以根据自己的需求进行设置。

2. 特色优势

（1）便捷性：客户可以随时随地通过手机进行各项金融操作，无须前往银行网点排队等候。

（2）安全性：采用多重安全验证机制和先进的加密技术保护客户的资金和信息安全。

（3）全面性：涵盖账户管理、转账汇款、信用卡服务、投资理财、生活服务、贷款服务等全方位金融服务功能。

（4）智能化：提供智能投顾、智能客服等智能化服务体验，帮助客户更加高效地管理财务和解决问题。

当然，不同的银行还有不同的特色吸引客户。下面让我们从以下 6

家银行看一下其不同的特色功能：

中国工商银行："远程办""同屏办"等创新服务为用户提供了更加便捷的业务办理方式。

中国建设银行：AI智能助手"班克"为用户提供了智能化的服务体验。

中国农业银行：针对农村地区推出了多项特色服务，如裕农服务等。

中国银行：跨境金融专区为用户提供了一站式的跨境金融服务。

交通银行：提供了无卡取款、理财神器等特色功能以满足用户的不同需求。

中国邮政邮储银行：注重金融服务的全面性和安全性，为用户提供了一站式的金融解决方案。

思考题

1. 信息技术如何在金融理财领域帮助人们节省时间成本？

2. 面对信息技术的快速发展，金融行业应如何平衡创新与监管，以确保稳定与可持续发展？

第五节 健康可触摸

随着科技的浪潮席卷而来，信息技术已深深烙印在我们生活的每一个角落，特别是在健康、养生、医疗等领域，信息技术的步伐更为迅速，不仅带来了诸多便利，更是极大地改变了我们对自己身体的认知和照护方式。下面我们将从健康、养生、医疗3个方面，探索信息技术如何塑造我们的身体世界。

一、数字化健康

（一）健康数据的精准守护

在数字化的健康领域中，智能设备和应用程序如同贴心的健康卫士般时刻守护着我们的身体。心率、血压、睡眠质量等生理指标，皆可在指尖一览无余。通过详细的数据分析和智能推荐，我们能更加精确地管理自身健康，及时发现潜在问题，防患于未然。

（二）健康知识的海洋遨游

信息技术为我们打开了一扇通往健康知识海洋的大门。只需轻轻一点，海量的健康资讯便跃然眼前。无论是最新的医学研究成果，还是传统的养生秘诀，都触手可及。我们在其中遨游，不断汲取着关于身体的奥秘与智慧。

二、信息技术与养生

(一)养生方式的私人定制

在信息技术的助力下,养生不再是千篇一律的模板,而是可以根据每个人的身体状况和需求进行私人定制。智能设备和应用程序为我们提供了个性化的养生建议,从饮食到运动,从休息到心理调适,都为我们量身定制,让养生更加科学、有效。

(二)养生文化的传承与发扬

信息技术产品也成了养生文化传承与发扬的重要平台。我们可以轻松地接触到中医养生、食疗养生等传统文化的精髓,感受其深厚的底蕴和独特的魅力。同时,这些养生文化也为我们提供了更多的养生选择和灵感,让我们的生活更加丰富多彩。

三、信息技术与医疗

信息技术让医疗服务变得更加触手可及。无论身处何地,只要有网络和设备,就能享受到专业的医疗服务。远程医疗、在线问诊等方式,让我们不再受地域和时间的限制,随时随地都能得到医生的帮助和指导。

(一)医疗数据的智慧应用

信息技术还促进了医疗数据的智慧应用。通过建立电子病历、健康档案等系统,医疗机构可以更加高效地管理和利用患者的医疗数据。这些数据不仅为医生提供了更准确的诊断和治疗依据,还为医学科研和公共卫生管理提供了宝贵的资源。

信息技术如同一股清泉,滋润着我们的身体世界。它让我们更加便捷地管理健康、学习养生知识、享受医疗服务,同时也让养生方式更加个性化，让医疗数据得到更好的利用，让我们共同迎接信息化的未来，享受健康与幸福的生活。

（二）信息技术与医疗的结合

对于医疗领域而言，电子病历的引入堪称一次颠覆性的创新。它不局限于一份单纯的电子文档，而是一个详尽无遗、检索便捷的病历信息库。这个信息库让医生能够迅速回溯患者的历史病情和医疗记录，包括详尽的诊断详情、治疗流程、用药历史等，从而确保医生在诊疗过程中能够更精准地把握病情，为患者量身定制更为贴切的治疗方案。

与此同时，电子处方系统的运用为医生的处方开具带来了前所未有的规范化和智能化。它彻底消除了手写处方可能带来的字迹模糊、信息遗漏等困扰，极大地提升了处方的清晰度和准确性。更重要的是，电子处方系统能够自动检测药物间的潜在冲突和风险，有效避免处方失误对患者构成的安全隐患。

不仅如此，实时更新的医学知识库和最新研究成果为医生打开了一个持续学习的新天地。他们可以随时随地查阅这些知识库，了解各类疾病的最新治疗方法和技术进展。这不仅帮助医生们保持专业知识的更新和进步，更使他们在面对复杂疾病时能够从容应对，为患者提供更加精准有效的治疗。

协同工作平台的建立进一步加强了医生之间的沟通与协作。在这个平台上，医生可以随时随地分享病例、探讨治疗方案、交流临床经验，形成了一种跨科室、跨医院的紧密合作模式。这不仅提高了医疗资源的利用效率，还使得医生们能够共同面对各种疑难杂症，为患者提供更加全面、专业的医疗服务。

远程医疗的飞速发展为医生们拓宽了医疗服务的疆域。通过远程医疗技术，医生能够突破地域限制，与全国各地的医疗专家进行深入的交流与合作。这种远程会诊、远程诊断的方式不仅为患者带来了更加便捷、高效的医疗服务体验，更为医生提供了一个不断学习和提升自我的平台。

（三）信息技术为持续提升医疗质量提供了有力的支持

一是对患者的就诊记录进行详尽而深入的分析，能够揭示患者健康状况和病史的细微脉络。这种精细化的数据处理为患者带来了量身定制的医疗服务，有效避免了潜在的健康风险，提升了患者治疗的针对性和效果。

二是在疾病分类和治疗效果的研究上，医院借助先进的数据分析技术，对各类疾病的发病趋势、治疗效果进行了精准洞察。这为医院制订治疗方案提供了坚实的数据支撑，不仅大幅提升了患者的治愈率，还有效降低了患者的经济压力。

三是医院对药品使用情况、检查项目、手术数量等关键数据进行了系统而周密的统计和分析。通过细致的对比和挖掘，医院能够敏锐地察觉药品的滥用风险、检查与手术的过度使用等问题，为患者提供更为经济、合理的医疗选择，从而显著提升医疗服务的效率和品质。

四是医院对患者满意度调查数据给予了高度重视。通过精心设计的调查问卷和定期的调查工作，医院全面获取了患者的就医体验和满意度反馈。对这些数据的深入分析，帮助医院及时发现医疗服务中的短板和不足，为患者提供更加贴心、周到的服务体验。

五是在医疗质量指标的汇总和分析方面，医院采用了严格的评估标准和先进的评估方法。这些涵盖治愈率、患者满意度、医疗事故发生率等多个维度的指标，为医院提供了全面、客观的医疗服务水平评估。通过对这些指标的综合分析，医院能够全面把握自身的医疗服务质量，为持续提升医疗质量提供了有力的支持。

【趣事杂谈】

在一个热闹非凡的市中心医院，李医生可是个"手术界的闪电侠"。在他的手术刀下，病魔无处遁形，病人康复如初。但最近，这位

"闪电侠"遭遇了"记忆短路"的危机。

长时间披星戴月的工作，让李医生觉得脑袋里像塞满了棉花糖一样，关键信息总是飘飘忽忽，难以捉摸。有一次，他居然在手术前忘了病人的血型，这可把他急得团团转。

正当他束手无策时，医院来了位"新帮手"——医疗小助手 AI 程序。这个小助手就像一个无所不知的"百事通"，病人的所有信息都逃不过它的"法眼"。

刚开始，李医生对这位"新帮手"不屑一顾，他觉得自己的经验比任何机器都来得靠谱。直到这次，他即将走进手术室时，突然大脑一片空白，忘了病人的血型。这时，医疗小助手"唰"地一下跳了出来，准确无误地报出了病人的血型。

李医生瞪大了眼睛，简直不敢相信。他开始尝试更多地和这位"新帮手"合作。嘿，没想到这位小助手还挺给力！它不仅能帮李医生记忆细节，还能提前预测手术中可能出现的"绊脚石"，并给出应对策略。有一次，小助手还帮李医生提前发现了一种罕见的并发症，让他及时做好了防范，避免了可能发生的"大麻烦"。

渐渐地，李医生和医疗小助手成了无话不谈的"好朋友"。他们的合作越来越默契，手术的成功率也越来越高。李医生逢人就夸："这位小助手啊，比我那老掉牙的记忆还要灵光！"而医疗小助手也总是俏皮地回应："那当然啦！我可是拥有超强的大脑和无限的知识储备呢！"

就这样，李医生和医疗小助手的趣事在医院里传开了。他们这对"黄金搭档"不仅让病人康复得更快，也给医院带来了更多的欢声笑语。

思考题

1. 信息技术如何促进健康养生知识的普及与个性化？

2. 远程医疗和虚拟诊所如何借助信息技术改变医疗服务模式？

3. 面对信息技术的快速发展，健康养生与医疗行业应如何适应和应对未来的挑战与机遇？

第六节 家居也智能

随着科技的不断发展，智能技术已经逐渐渗透到我们生活的方方面面。在住宅领域，全屋智能技术正在引领一场革命。全屋智能是指通过综合应用物联网、云计算、人工智能等先进技术，对家居环境中的各类设备进行系统化、集中化的管理和控制，以提供更加便捷、舒适、安全的居住环境，我们可以通过掌上终端一键控制多种设备，可以定制符合自己心意的生活策略。

一、全屋智能技术的发展历程

初步阶段：这一阶段主要是对家居环境中的单一设备进行智能化改造，如智能灯泡、智能插座、智能门锁等。这些设备具备了一定的自主控制和远程操控功能，但各设备之间缺乏联动和协作。

发展阶段：随着技术的进步，全屋智能技术开始注重设备之间的联动和协作。通过智能家居控制系统，可以将各个智能设备连接起来，实现多设备之间的协同工作。例如，当用户离家时，可以一键关闭所有电源，提高家居安全性。

成熟阶段：当前，全屋智能技术已经趋于成熟。它不仅能够实现设备之间的联动和协作，还能根据用户的需求和习惯，自主感知、自主决策、自主控制家居环境。例如，通过智能传感器监测室内温度和湿度，自动调节空调和加湿器的工作状态，为用户提供更加舒适的生活环境。

二、全屋智能系统的组成

智能传感器：用于实时监测家居环境中的各种数据，如温度、湿度、光照、烟雾等。

智能控制器：负责接收和处理传感器数据，并根据预设的规则和算法，控制家居设备的运行。

智能家居控制系统：作为全屋智能系统的核心，负责协调和管理各个智能设备和传感器，实现家居环境的智能化控制。

用户界面：包括手机 App、语音助手等，为用户提供便捷的操作和控制方式。

三、全屋智能技术的常见应用范围

智能照明：根据室内光线情况和用户需求，自动调节灯光亮度和色温，营造舒适的照明环境。

智能安防：通过门窗传感器、烟雾报警器等设备，实时监测家居安全状况，并在发生异常情况时及时报警和处理。

智能环境调节：根据室内温度和湿度数据，自动调节空调、加湿器等设备的运行状态，为用户提供舒适的生活环境。

智能家电控制：通过手机 App 或语音助手，远程控制家电设备的开关和运行状态，实现便捷的生活管理。

四、全屋智能技术的发展方向

更加智能化：通过不断优化算法和提升数据处理能力，使全屋智能系统能够更加准确地感知用户需求，并自主作出决策和控制家居环境。

更加个性化：根据用户的个人喜好和习惯，提供定制化的智能家居解决方案，满足用户多样化的需求。

更加生态化：与智能家居生态系统中的其他设备和服务进行深度融合和协作，为用户提供更加全面、便捷的智能家居体验。

更加便捷化：实时联网，通过手机定制策略，定期定时执行计划任务，满足用户方方面面的生活需求。

【拓展阅读】

下面分享一套全屋智能的案例：某高端住宅小区，为了提升居民的生活品质，引入了全屋智能系统。该系统覆盖了家庭安防、照明、温控、娱乐等多个领域，通过统一的智能平台进行管理和控制，实现了家居环境的全面智能化。

1. 系统组成

（1）智能安防子系统。

智能门锁：采用人脸识别或指纹识别技术，确保家庭安全。同时，与智能系统联动，实现开门即亮灯、启动空调等场景模式。

监控摄像头：覆盖家庭主要区域，提供高清视频监控。结合 AI 智能分析技术，可识别异常行为并及时报警。

烟雾报警与燃气泄漏探测：实时监测家庭环境，一旦发现烟雾或燃气泄漏，立即发出警报并通知用户。

（2）智能照明子系统。

智能灯具：支持多种灯光模式，包括色温调节、亮度调节等。通过智能平台或手机 App 远程控制，实现个性化照明需求。

人体感应器：安装在楼梯、走廊等区域，实现人来灯亮、人走灯灭的功能，既节能又方便。

（3）智能温控子系统。

智能空调/地暖：支持远程控制和定时开关机功能。根据室内外温度自动调节工作模式，保持室内舒适温度。

新风系统：为室内提供新鲜空气，保证空气质量。与智能系统联动，实现自动开关机和风速调节。

（4）智能娱乐子系统。

家庭影院：包括智能投影、音响等设备。支持多种音视频格式播放，通过智能平台或手机 App 控制，实现沉浸式观影体验。

背景音乐系统：覆盖家庭主要区域，支持多种音源输入。用户可通过手机 App 或语音控制播放音乐，营造轻松愉悦的家庭氛围。

（5）智能厨房子系统

智能厨房电器：如智能冰箱、智能烤箱等。支持远程控制和智能管理功能，用户可通过手机 App 查看食材状态、设置烹饪程序等。

智能厨房底座：提供创新的食谱应用程序、定制食谱、音乐和娱乐等功能，成为烹饪时的完美伴侣。

2. 应用场景示例

（1）回家模式。

用户通过智能门锁解锁进入家中，系统立即启动回家模式。客厅灯光自动亮起、窗帘自动拉开、空调自动调节至适宜温度，营造温馨舒适的回家氛围。

（2）观影模式。

用户通过手机 App 启动家庭影院模式，智能投影自动开启并投射画面至屏幕，音响系统自动调整至最佳音效。用户只需选择喜欢的电影或电视剧即可享受沉浸式观影体验。

（3）睡眠模式。

用户通过手机 App 设置睡眠模式后，系统将自动关闭除必要照明外的所有灯光和电器设备，并调整空调至适宜睡眠的温度和湿度，为用户提供舒适的睡眠环境。

思考题

1. 信息技术如何推动智能家居的发展和普及？

2. 智能家居在提高生活便利性和舒适度方面有哪些创新应用？

3. 智能家居设备的互联互通和安全性如何保障？

第七节 政务真惠民

电子政务是指政府机构利用现代信息和通信技术，通过互联网等电子方式进行政务活动，旨在提高政府的服务效率和透明度，更好地为公众和企事业单位提供服务。近年来，网上办理身份证、缴纳税款、办理结婚证、开具无犯罪证明等电子政务服务已经逐渐成为人们日常生活的一部分，这些服务给人们的生活带来了显著的改变。下面我们通过几个日常的网上申办流转形式介绍一下电子政务是如何惠民的。

一、网上办理身份证

电子政务的普及使居民身份证的办理变得更加便捷。在过去，办理身份证需要前往公安机关，填写申请表，提交相关证明材料，并等待一段时间才能领取新的身份证。而现在，居民可以通过电子政务平台在线申请、更新和领取身份证。居民只需通过互联网提交申请，上传相关材料，并支付相关费用，便可以在指定时间内领取新的身份证。这一改变不仅节省了居民的时间和精力，还提高了身份证办理的效率和准确性。同时，电子政务平台通过严格的身份验证和信息审核机制，有效减少了人为错误和欺诈行为，保障了居民身份证的安全性和可靠性。

二、缴纳税款

电子政务在税务领域的应用，使得纳税人可以更加便捷地办理税务登记、申报、缴税等业务。在过去，纳税人需要前往税务机关提交申报表，并支付税款。现在，纳税人可以通过电子政务平台在线提交申报表，查询税收政策和法规，以及在线支付税款。这一改变不仅提高了税收征管的效率，降低了纳税人的负担，还提高了税收征管的透明度和公正性。纳税人可以随时了解自己的税务状况，避免因不了解政策导致的逃税和避税行为。同时，税务机关通过电子政务平台对纳税人的申报信息进行实时监控和分析，及时发现和处理异常情况，有效打击了税收违法行为。

三、电子证件

电子证件是一种利用现代信息技术，将传统的纸质证件转化为电子形式的证件。它具有携带方便、易于管理、安全性高等优点。电子证件的出现给人们的生活带来了诸多改变，一是提高效率。电子证件可以实现快速验证和身份识别，大大提高了办事效率。例如，在机场、火车站等场所，使用电子身份证可以快速通过安检，节省了排队等待的时间。二是减少纸质证件的使用。电子证件的普及可以减少纸质证件的使用，降低资源消耗和环境污染。同时，电子证件可以存储更多的信息，方便用户随时查看和更新。三是提高安全性。电子证件采用了先进的加密技术和防伪技术，提高了证件的安全性。例如，电子身份证采用了数字签名和生物识别技术，防止证件被伪造或盗用。四是便于管理。电子证件可以实现集中管理，方便相关部门对证件进行审核、更新和注销等操作。同时，电子证件还可以与其他信息系统进行对接，实现数据共享和协同管理。五是拓展应用场景。电子证件可以应用于各种场景，如在线办理政务、网上购物、在线支付等。这使得人们的生活更加便捷，同时促进了数字经济的发展。

四、开具无犯罪证明

电子政务的普及还使得无犯罪证明的开具变得更加便捷。在过去，居民需要前往公安机关提交申请，提交相关证明材料，并等待一段时间才能领取无犯罪证明。而现在，居民可以通过电子政务平台在线提交无犯罪证明申请，查询相关政策和法规，以及领取证明。这一改变不仅节省了居民的时间和精力，还提高了无犯罪证明办理的效率和准确性。同时，电子政务平台通过严格的身份验证和信息审核机制，有效减少了伪造和欺诈行为，保障了无犯罪证明的真实性和可靠性。这对居民在求职、入学、出国等方面需要证明个人品行和信誉的情况具有重要意义。

电子政务为人们生活带来了诸多改变，提高了政府的服务效率和透明度，更好地为公众和企事业单位提供服务。未来，随着电子政务的不断发展和完善，人们将享受到更加便捷、高效和安全的政务服务。这将进一步推动社会进步和发展，提高人们的生活质量和幸福感。

思考题

1. 电子政务为什么能提高人们的幸福感？
2. 你了解的电子政务还有哪些方面？

推荐书目

1. 《中国高度：大国重器背后的创新科技》，刘济美、林大楷、马静华等，中译出版社 2023 年版。
2. 《中国基本盘：未来工厂》，何丹、徐鑫，浙江大学出版社 2022 年版。

推荐电影

1. 《钢铁侠》（2008 年），[美] 乔恩·费儒执导。
2. 《阿凡达》（2009 年），[加拿大] 詹姆斯·卡梅隆执导。
3. 《机器人总动员》（2008 年），[美] 安德鲁·斯坦顿执导。

第三篇

改变工作

　　过去，我们依赖传真机将文件远程传递，寻找宽敞的会议室召开会议，日复一日地踏入办公室开始工作……然而，时代不断演进，如今，越来越多的企业已摒弃传统的办公模式。员工们可以在家中舒适地远程工作，即便在旅途中也能随时处理公务，会议不再受时间地点的限制，无论是语音还是视频，都能随时随地展开。

　　除了个人生活的改变，众多行业在信息化浪潮中也迎来了巨大的转型。报纸期刊数字化、实体店铺被网上商城替代、AI 创作、产品网络推广……这些变化不仅改变了我们的工作方式，也极大地丰富了我们的生活方式，使我们能够更加便捷、高效地处理各种事务。

【阅读提示】

1. 了解随着信息化的发展，工作方式的变化。
2. 了解信息化工具如何提高了工作的效率和质量。
3. 了解信息化浪潮带来的就业机会。
4. 了解信息化技术解决的农业生产问题。
5. 了解支付方式的变革。

第一节　灵活的办公方式

在人类社会的演进历程中，信息技术的迅猛发展正引领着一场前所未有的工作模式革新。这一革新也深刻地改变着我们的职场生态，赋予工作前所未有的灵活性和多样性。远程办公，作为这场革新的核心力量，正在逐步重塑每个人的职业生活，使工作不再受传统"办公室"的束缚，员工能够自由选择在任何有网络连接的地方完成任务。这种转变不仅极大地丰富了个人的职业体验，还催生了远程医疗、远程庭审等一系列创新的远程服务模式，为社会进步注入了源源不断的活力。

一、远程办公

远程办公，作为信息技术进步的产物，已经崭露头角，成为新时代办公模式的典范。借助云计算、超高速互联网及前沿协作软件，员工得以在任意地点，通过数字化手段完成工作任务，实现了传统办公室的地域边界的彻底打破。这一模式不仅极大地提升了工作效率，也为企业带来了前所未有的发展机遇。

首先，远程办公为企业招聘提供了无限可能。不再受地域限制，企业可以放眼全球，寻找顶尖人才，进一步巩固其在市场中的竞争优势。这种全球人才的汇聚，不仅提升了企业的创新能力，也促进了全球人才的交流与合作。

其次，远程办公为员工创造了更加自由、舒适的工作环境。员工可以在家、咖啡馆或任何他们钟爱的场所工作，避免了通勤的烦琐与压力，实现了工作与生活的和谐统一。这种全新的工作模式极大地提升了员工的幸福感和归属感，进而提高了员工的工作积极性和创造力。

厨房里的"重要会议"

在一个阳光明媚的周五，张工正在家里远程办公，他是一家科技公司的项目经理。他的工作间是他家的客厅，一张临时搭建的桌子、一台电脑和一堆文件就是他的全部装备。

张工正忙着与国外的团队成员进行视频会议，讨论一个即将上线的项目。会议进行得如火如荼，突然，他闻到了一股烧焦的味道。他四下张望，突然意识到自己的午饭——正在厨房炖的排骨汤——可能出了问题。

张工心里一急，但又不希望中断会议，毕竟这是关于项目的重要讨论。他灵机一动，决定用耳机上的麦克风来解决问题。他一边假装咳嗽，一边把声音调到最低，然后快速跑到厨房。

厨房里烟雾弥漫，排骨汤已经烧焦了。张工迅速关掉火源，开窗通风。他急忙回到电脑前，发现团队成员们还在热烈讨论，没有人注意到他的"小插曲"。

张工调整了一下麦克风，咳嗽了几声作为掩饰，然后重新回到会议中。他深吸了一口气，准备继续他的发言。就在这时，他发现一个团队成员正在屏幕上发弹幕："张工，你的厨房还好吗？我们好像闻到了烧焦的味道。"

张工顿时尴尬不已，但看到屏幕上的弹幕，他忍不住笑了起来。他坦白了刚才的小插曲，并感谢团队成员的关心。会议的气氛一下子变得轻松起来，大家纷纷分享起自己远程办公时的小趣事。

这次"厨房会议"不仅解决了张工的问题，还拉近了团队成员之间的距离。从那以后，每当大家提到远程办公，都会想起这次有趣的经历，笑声和温馨的氛围成了他们工作中不可或缺的一部分。

二、远程医疗

信息化浪潮在医疗健康领域同样催生了革命性的远程医疗模式。借助数字技术，医生与患者能够跨越时空限制，进行远程沟通交流，实现远程诊断，给予治疗建议及手术指导。这一模式的出现，极大地提高了医疗服务的普及率与可及性。

远程医疗的兴起，为偏远地区的患者带来了福音。他们无须长途跋涉，即可获得专业医生的诊疗服务，极大地节省了时间与金钱。同时，在疫情等特殊时期，远程医疗也发挥了巨大作用，有效缓解了医疗资源紧张的问题。

对于医生而言，远程医疗同样带来了诸多便利。他们可以在家中或任何有网络的地方为患者提供服务，减少了往返医院的时间与精力。这种工作模式使得医生能够更加专注于患者的诊断与治疗，提高了医疗服务的质量与效率。

【趣事杂谈】

远程医疗中心里的生命接力[1]

"这个药会导致丢钾，现在不能用。""患者恢复情况良好，可以尽快安排核酸检测。""对比两次肺部影像，可以看到明显的吸收。"……每天上午8点半开始，这样的"远程会话"都会从内蒙古自治区远程医疗中心传出。

屏幕一端是内蒙古新冠医疗救治专家组的专家们，另一端是全区各地新冠患者的治疗组。新冠疫情发生后，内蒙古自治区远程医疗中心开

---

〔1〕　张丽娜、魏靖宇、安路蒙：《特写：远程医疗中心里的生命接力》，载 https://gushi. nmgnews. com. cn/system/2020/02/16/012852454. shtml，最后访问日期：2024 年 12 月 30 日。

启高速运转模式，每天与全区各定点医院进行视频连线，逐一对新冠的确诊和疑似患者进行远程会诊，一场场生命接力在这里紧张进行。

"明天想加大白蛋白用量。""用量上来了心脏受得了吗？"来自呼伦贝尔市第二人民医院的医生向专家组介绍患者的用药情况，专家组组长、内蒙古自治区人民医院院长孙德俊和其他专家认真进行着研判。这位 85 岁的患者常年卧床，有 20 多年的高血压和心脏病史，对她的治疗和用药都经过自治区专家组的认真评估。

"新冠是新型传染病，我们对疾病的演变过程还不完全清楚。"孙德俊说："进行远程会诊相当于查房，我们每天都把内蒙古的确诊病例过一遍。接触的病例多了，对这个病的了解就更多，能有针对性地提出治疗方案。"

赤峰市传染病防治医院内收治了一位新冠危重症患者，这名患者一度呼吸心脏骤停 9 分钟，经医护人员全力抢救又恢复了生命体征。视频信号和赤峰市传染病防治医院接通后，孙德俊连忙询问这名患者的身体情况。得知他的肺部影像明显好转，心脏状况也保持稳定后，孙德俊紧皱的眉头舒展开了。

对这名危重症患者，除了远程诊疗，还成立了针对他个人的救治专家组，派自治区专家前往赤峰市对他进行诊治。需要派什么专家过去？缺什么仪器？这样的问题在远程诊疗中总能听到。

通过远程会诊，自治区医疗救治专家组将呼吸、重症、机械通气等领域的专家派往需要的患者身旁，将有限的医疗资源精准发力到需要的地方。"远程会诊有助于我们综合研判，集中发力，对重型、危重型病人进行精准施治。"孙德俊说。

远程医疗中心虽不是治疗一线，但紧张程度毫不逊于一线。"这里就像是心脏，将血液源源不断地输送到基层的收治医院。"孙德俊说，他们也会定期与北京、武汉的专家组视频交流，不断更新完善诊疗方案。

三、远程庭审

信息化同样为司法领域带来了颠覆性的变革。通过远程庭审模式，法官、律师、当事人及证人可以在不同地点参与庭审过程，实现了司法活动的跨越式发展。

远程庭审不仅提高了司法效率，降低了诉讼成本，还确保了司法活动的连续性与公正性。特别是在疫情等特殊时期，远程庭审发挥了巨大作用，确保了司法活动的正常进行。同时，远程庭审也为当事人提供了更加便捷、舒适的参与方式，使得他们能够更加积极地参与到司法过程中。

【趣事杂谈】

一次特殊庭审：检察官远程公诉[1]

2020 年 3 月 24 日上午 9：00，一场现代科技信息感十足的特殊庭审在醴城"上演"：被告人潘某某涉嫌妨害公务罪、寻衅滋事罪，醴陵市人民检察院通过远程提讯室对其公诉。

因疫情防控要求，看守所已经封闭式管理，在押人员不能押解到法院开庭。根据《中华人民共和国刑事诉讼法》关于审理期限的相关规定，为切实保障被告人合法权益，检察官积极协调法院、看守所，运用远程提讯系统开庭。并且，与合议庭法官、人民陪审员等，在市人民检察院远程提讯室，与远在看守所的被告人潘某某连线，组成了在线审判庭。

被告人潘某某 2019 年 10 月 8 日晚酒后归家，因不满小区停车阻塞通道，他用砖头砸坏了绿化带旁的 4 辆汽车。经认定，造成价值 3180 元的损毁。车主报案后，民警将潘某某带往公安机关调查。途中，潘某

---

〔1〕　段木佳：《一次特殊庭审：检察官远程公诉》，载 https：//www.lilingnews.com/content/2020/03/26/6909075.html，最后访问时间：2020 年 3 月 26 日。

某辱骂并踢伤办案民警。

庭审现场，审判长宣布开庭，公诉人宣读起诉书，被告人潘某某在视频连线的另一端如实供述了上述罪行，承认了指控的犯罪事实，同时表示愿意接受处罚。整个过程图像清楚，声音清晰。

鉴于被告人潘某某自愿认罪认罚，根据《中华人民共和国刑法》第 67 条第 3 款、《中华人民共和国刑事诉讼法》第 15 条之规定，检察官建议以寻衅滋事罪判处被告人潘某某有期徒刑 9 个月至 10 个月，以妨害公务罪判处拘役 2 个月。数罪并罚，合并执行有期徒刑 9 个月，不适用缓刑。法院合议庭当庭认定犯罪事实和证据，决定择期宣判。

醴陵市人民检察院疫情期间应用智慧检务，实行远程出庭，最大限度地减少了人员聚集，实现了抗击疫情、打击犯罪与保障被告人合法权益的有机统一。

四、灵活办公与新模式的未来展望

随着信息化技术的迅猛发展，灵活办公与新模式将继续发挥重要作用，引领未来的工作与生活方式。可以预见，远程办公将更加普及与成熟，而远程医疗、远程庭审等新模式也将迎来更加广阔的发展空间。企业将更加注重员工的体验与满意度，为员工提供更加灵活、多样化的工作方式。例如，提供弹性工作时间、在家办公、共享办公空间等形式，员工可以根据自己的实际情况选择最适合自己的工作方式。同时，政府也将出台更多支持政策，助力远程办公与新模式的广泛应用与发展。这将进一步促进人才的全球流动与合作，推动社会经济的持续发展。

面对信息化带来的挑战与机遇，我们需要保持开放的心态，积极拥抱新技术、新模式。例如，人工智能、大数据、云计算等技术的应用，为灵活办公提供更加高效、便捷的工具和平台。同时，我们也需要关注技术发展对社会、经济、文化等方面的影响，努力实现技术与社会发展的良性互动。例如，通过加强网络安全、保护个人隐私、促进公平竞争等措施，确保技术发展能够惠及社会各个阶层，避免产生新的社会不平等。只有这样，才能共同推动信息化时代的进步与发展，创造更加美好的未来。在继续探索灵活办公与新模式的未来展望时，也不能忽视教育与培训的重要性。随着技术的不断革新，传统的工作技能已经无法满足新兴岗位的需求。因此，教育机构和企业需要携手合作，共同开发适应未来工作环境的培训课程。这些课程将涵盖新兴技术、创新思维、团队协作以及跨文化交流等多个方面，以确保员工能够不断提升自我，适应快速变化的市场需求。

同时，随着灵活办公模式的普及，工作与生活的界限也日益模糊，我们需要重新思考工作与生活的平衡问题。这不仅是员工个人的责任，也是企业和社会的共同任务。企业可以通过提供健康保险、心理咨询服务等福利，帮助员工保持良好的身心状态。社会则可以通过推广健康生活理念、完善公共服务设施等方式，为员工创造更加宜居的生活环境。

随着全球化和数字化的深入发展，灵活办公与新模式还将促进国际间的合作与交流。企业可以通过跨国合作、共同研发等方式，利用全球资源和技术优势，推动产品和服务的创新。同时，国际组织、政府间协议等也将发挥更加重要的作用，推动全球范围内的规则制定和合作机制建设，为灵活办公与新模式的跨国应用提供有力保障。

灵活办公与新模式的未来展望充满了无限可能。我们需要保持开放的心态，积极拥抱新技术、新模式；关注技术发展对社会、经济、文化等方面的影响；加强教育与培训；重新思考工作与生活的平衡问题；促进国际间的合作与交流。只有这样，才能共同推动信息化时代的进步与发展，创造更加美好的未来。

思考题

开动自己的脑筋，你还见过什么样的办公方式，或者你更愿意使用哪种工作方式？

第二节　丰富的办公工具

在科技发展的浪潮下，办公软件不再仅仅局限于文字处理和表格计算，它们已经悄然渗透到各行业的核心，尤其在规划设计领域，办公软件的进化宛如一股强大的浪潮，为整个行业带来了翻天覆地的变化。本节旨在深入剖析几种前沿的办公工具，以及它们如何塑造并引领规划设计行业的未来。

一、智能绘图工具

在过往，绘制规划设计图纸是一项既耗时又费力的工作。设计师需要手工绘制每一部分，调整每一个细节，以确保图纸的准确性和美观性。然而，随着智能绘图工具的出现，这一传统的工作方式被彻底改变。这些先进的工具提供了丰富的模板和素材库，设计师可以轻松地从中选择合适的元素，通过简单的拖拽和点击，就能迅速创建出高质量的图纸。

智能绘图工具的功能远不止于此。它们还拥有自动布局、智能对齐等高级功能，这些功能可以帮助设计师更快速、更准确地完成工作。设计师可以轻松地调整图纸的布局，确保所有的元素都按照预期的方式排列。智能对齐功能可以帮助设计师快速对齐各个元素，避免手工调整的烦琐和误差。

这些智能绘图工具的使用，极大地提升了设计师的工作效率。设计师不再需要花费大量的时间和精力在图纸的基本制作上，他们可以将更多的精力投入到创意的发挥上。他们可以更自由地探索和实现自己的设计理念，因为这些智能工具已经为他们提供了强大的支持和帮助。

二、三维建模软件

三维建模软件是一种强大的工具，它在设计领域发挥着至关重要的作用，特别是在创建更加立体、逼真的三维模型方面。这些软件通过高级的图形和几何技术，能够将平面的二维图纸转化为具有深度和体积的三维模型，为设计师和客户带来更加直观和沉浸式的体验。在规划设计过程中，这种转换尤为重要，因为这能够让所有参与者更加清晰地看到设计方案的实际情况，从而更好地评估和理解设计的各个方面。

三维建模软件还具备实时渲染的功能，这意味着设计师可以立即看到模型的效果，并进行必要的调整。这种即时反馈的能力大大提高了设计的效率和准确性。同时，这些软件也支持动画制作，设计师可以制作出动态的模型展示，使设计方案更加生动、有趣，并且更具说服力。这对于向客户展示设计思路和理念至关重要，因为动态的模型展示能够使客户更直观地感受到设计的魅力和潜力。

借助使用三维建模软件，设计师能够更好地传达自己的设计思路，使客户能够更直观地理解和评估设计方案。这种沟通方式的改进有助于建立客户对设计师的信任，为项目的成功奠定坚实的基础。因此，三维建模软件已经成为现代设计领域中不可或缺的工具，它不仅提高了设计的质量，也增强了设计师与客户之间的沟通和合作。

三、数据分析工具

在城市的规划与设计领域，数据扮演着至关重要的角色。数据分析工具的存在，无疑为设计师提供了一种强大的辅助工具，它能够帮助设计师有效地收集、整理和分析各类数据，这些数据包括但不限于人口分布、交通流量、环境指标等关键信息。通过对这些数据的深度挖掘和分析，设计师能够对设计区域的实际情况有一个更加全面和深入的了解。这种深入的了解可以帮助设计师制订出更加科学、合理和符合实际的设计方案，从而提高设计方案的可行性和实施效果。

此外，数据分析工具的一个重要作用就是支持数据的可视化功能。数据可视化是将复杂的数据通过图表、地图等形式直观地展示出来，这样可以使设计师更加直观地理解数据背后的深层含义。这种直观的理解，可以帮助设计师在制订设计方案时，更好地把握设计的整体方向和细节，提高设计的质量和效果。总体来说，数据分析工具在规划设计中的重要性不言而喻，它是设计师不可或缺的辅助工具。

四、协同办公平台

在各类型的规划设计项目中，团队合作的作用是至关重要的。高效的团队需要一个统一的工作环境，以便成员间顺畅地沟通和协作。协同办公平台恰好提供了这样一个环境，它为团队成员搭建了一个集中的沟通和合作空间。在这个平台上，成员可以实时地分享文件、交流想法、讨论问题，还能够分配和跟踪任务进度。这样的工作模式极大地提高了团队成员之间的协作效率，减少了因沟通不畅而产生的成本，进而加快了项目的整体执行速度。

除此之外，协同办公平台还具备一系列高级功能，如版本控制和权限管理，这些功能进一步确保了项目的顺利进行。版本控制功能使得团队成员能够追踪和管理文档的变更历史，避免了因文档混乱产生的错误和重复工作。权限管理则确保了只有授权人员才能访问和编辑特定的文件和信息，从而保护了项目的知识产权，维护了信息安全。

综上所述，协同办公平台不仅优化了团队之间的沟通和协作流程，还通过其高级功能为项目的顺利推进提供了坚实的保障。这样的平台对于规划设计项目来说，是提升工作效率、保证项目质量的重要工具。

五、视频制作办公工具

在当今日新月异的数字化浪潮中，视频制作已然跃升为办公领域的璀璨明星。视频不仅以高效的方式传递信息，更以独特的视觉与听觉盛宴，深化观众对信息的理解和记忆。而为了在这场视觉盛宴中脱颖而出，一款功能卓越的视频制作办公工具无疑成为我们的得力助手，极大地提升工作效率与创作品质。

优秀的视频制作办公工具，其功能之丰富令人瞩目。首先，它需拥有强大的剪辑能力，使用户能够灵活地对视频进行切割、拼接，甚至巧妙地添加转场效果，确保视频流畅且自然。其次，特效与滤镜的加持，更是为视频增添了几分艺术魅力与视觉冲击力，使每一帧都熠熠生辉。最后，字幕与音频处理功能亦不可或缺，它们如同视频的灵魂，精准传达信息，为观众带来更丰富的观看体验。

在操作层面，视频制作工具追求简洁与易用，使每一位用户都能迅速上手，熟练掌握。工具界面清晰明了，功能布局一目了然，同时配备详尽的操作指南与教程，助力用户轻松解决使用过程中的各种问题。

此外，现代视频制作办公工具还需具备一系列高级功能，以满足更广泛的需求。例如，支持多种视频格式导入与导出、高清视频输出、实时预览等，这些功能极大地提升视频制作的效率与质量。一些工具还支持多平台协作与云端存储，使团队成员能够随时随地参与视频制作，实现高效沟通与协作。

六、项目管理软件

随着企业版图的扩张和项目复杂性的增加，项目管理成为确保项目精准执行、高效完成的关键所在。项目管理软件凭借高效性、灵活性以及直观的可视化界面，已成为现代企业提升项目透明度、精细调配资源的得力工具。

项目管理软件集任务分配、进度追踪、风险预警、资源调配等功能于一身，为项目管理者呈现了一幅详尽的项目全景图。通过这个平台，管理者可以实时掌握项目的最新动态，包括项目的进度详情、潜在挑战、所需资源以及团队成员的工作表现。这样的透明度使得管理者能够迅速作出决策，确保项目按照既定目标顺利推进。

此外，项目管理软件借助智能算法和数据分析工具，为管理者提供了强大的决策支持。通过对历史项目数据的深入挖掘，软件能够精准预测项目的潜在风险，提前为管理者提供风险预警和应对策略。同时，软件还能根据项目需求的变化和资源状况，智能推荐最优的资源调配方案，助力管理者实现资源的最大化利用。

在团队协作方面，项目管理软件也展现出了卓越的效能。通过实时通信和协作功能，团队成员能够跨越时间和空间的界限，共同交流思想、分享经验、协同完成任务。这种高效的协作方式不仅提升了团队的工作效率和创新能力，还增强了团队成员之间的默契和信任。

更值得一提的是，项目管理软件还支持与多种企业系统的集成，如ERP、CRM等。这种集成使得项目管理软件能够无缝融入企业的运营体系，实现数据的共享和流程的协同。这不仅提升了企业整体的运营效率，还为企业的长远发展提供了强有力的支撑。

综上所述，办公软件的革新为规划设计领域带来了前所未有的机遇与挑战。借助智能绘图工具、三维建模软件、数据分析工具、协同办公平台以及云存储与云服务等先进工具的应用，设计师能够更高效、精准地完成规划设计任务，推动整个行业的创新与进步。

【趣事杂谈】

我们来看这样一个故事——"100张图纸都是手工画的"。

爆破结束，他哭了。

清晨4点，他拿着一部数码相机在原浙大湖滨校区外徘徊，他就是3号楼的主体结构设计负责人之一——薛国华教授。

谈起大楼，薛教授感慨地说："前天我就在大楼周围转了一天，能拍照的地方，都跑遍了。虽然很难过，但我还是想亲眼看它倒下，我就想在爆破前多看一眼。"

大楼从 1985 年开始筹划，正式竣工是在 1991 年。"设计的时候非常辛苦，我花了半年的时间，整整画了 100 张图纸，全是手工的，那时候计算机还没这么发达，每个设计数据我都是手工算出来的。直到现在，楼里用了几根钢筋我还记得清清楚楚。最后 3 天都没睡觉，快完工时急得我阑尾炎都犯了，"薛教授说，"造好后，它也算杭州市的高楼之一，虽然看上去很'苗条'，但异常坚固。大楼设计时的使用年限是 50 年，现在只用了 15 年就要爆破了。"

"我对它很有感情，这是我设计的唯一的一幢大楼，从断桥那里看大楼，真的很美。"说到这里，薛教授眼眶湿润了，他把脸转向一边，合掌祈祷。

爆破过后，他站在围墙外，久久不离开。围观市民听说他是设计师之一，纷纷在大门外喊："让设计师进去看一看，拍点儿照吧。"一些老人家敲着大门，向守门人"说情"。

这时，一位穿军装的小伙子跑过来问："谁是设计师？爆破总指挥听说设计师在现场，让我来（带路)!"说完，小伙领着薛国华穿过人群，走进大门，让薛教授与他的作品做最后告别。

薛教授花费半年手工绘制的 100 张图纸，是计算机普及之前的设计界的真实写照。在没有电脑辅助设计的年代，设计单位基本的工作模式就是把图板搁在三脚架上（丁字尺、大小不一的三角板、曲线板、铅笔、针管笔、橡皮一应俱全)，在人员的配置上有建筑、结构、水电、暖通、预算人员等，一个工程项目的设计倾注了各专业人员大量的心血，由于常年的伏案工作，很多人患上了颈椎病，庞大的绘图与修改图纸的工作量使他们的加班加点成为常态，身体呈现未老先衰的状态。尤其是对于大幅图纸修改时手拿刀片，如履薄冰……

手工绘图是一项极其烦琐的工作，而且项目的多样性、多变性，使得手工绘图周期长、效率低、重复劳动多，从而阻碍了建设的发展。于是，人们便想方设法提高劳动效率，将设计人员从烦琐重复的劳动中解放出来，集中精力从事开创性的工作。例如，为了减少工程制图中的重复劳动，编制了大量的标准图集，提供给不同的工程以备套用，但是这解决不了根本问题。

设计师们梦想着，何时能甩开图板，实现自动化画图呢？直到美国Autodesk 公司开发出了 CAD（计算机辅助设计）软件，设计师们的美梦终于成真了！

思考题

你会用这些办公工具做什么？

第三节　多样的就业岗位

在当今社会，生活中的多元化需求不断涌现，为众多求职者提供了广阔而灵活的就业机会，带来了各种各样的机遇。随着科技的进步和经济的发展，各行各业都在不断变化和扩展，催生出许多新兴的职业和岗位。这些岗位不仅涵盖传统的行业，还涉及新兴的科技、环保、文化创意等领域。求职者可以根据自己的兴趣、专业背景和技能，选择适合自己的工作，实现个人价值和职业发展。

一、快递员

在电商浪潮的推动下，快递行业蓬勃发展。快递员作为连接发件人与收件人的纽带，不仅要熟悉当地路况，还需具备快速、准确、安全地将包裹送达的专业能力。随着物流行业的持续繁荣，快递员的需求也呈现出稳步增长的态势。

二、网络客服

随着电子商务的广泛普及，网络客服成为企业与客户间不可或缺的沟通桥梁。他们通过在线聊天、电话等多种方式，解答客户疑问，提供售前咨询与售后服务。这一岗位要求客服人员具备良好的沟通能力和服务意识，以最大程度提升客户满意度。

三、网约车司机

网约车服务借助移动互联网平台，为乘客提供便捷、舒适的出行体验。网约车司机不仅要熟悉路况，还需具备优秀的驾驶技能和服务意识，以满足乘客的个性化出行需求。

四、大数据分析师

在这个数据驱动的时代，大数据分析师成为企业决策的重要参谋。他们负责收集、整理、分析海量数据，为企业提供精准的数据支持。这一岗位要求分析师掌握先进的数据分析工具和方法，具备数据挖掘、数据可视化等专业技能，以帮助企业优化运营、提升竞争力。

五、电子商务工程师

电子商务工程师致力于电子商务平台的建设、开发与维护工作。他们需熟悉电子商务技术架构和业务流程，具备前后端开发、数据库管理、网络安全等综合能力，以保障电子商务平台的稳定运行和持续发展。

六、高级网络营销师

作为企业的网络营销专家，高级网络营销师负责制定企业的网络营销策略，并通过各类在线渠道推广企业品牌和产品。他们需要紧跟网络营销的最新趋势和技术，具备市场分析、营销策划、网络推广等综合能力，以助力企业提升品牌知名度、增加市场份额。

七、系统分析师

系统分析师是企业信息化建设的关键角色。他们负责分析客户需求，设计系统架构，保障系统的顺利实施和运行。这一岗位要求分析师具备扎实的计算机科学和信息系统知识，以及良好的沟通能力和解决问题的能力。系统分析师的薪资水平普遍较高，是信息管理与信息系统专业毕业生的主要就业方向之一。

八、工业机器人系统操作员

随着工业自动化的快速发展，工业机器人系统操作员成为生产线上的重要力量。他们负责操作、维护和管理工业机器人系统，确保生产线的高效运转。这一岗位要求操作者具备机器人编程、调试、维护等专业技能，对提升生产效率和降低人工成本具有显著作用。

九、人工智能工程师

随着人工智能技术的不断突破和应用，人工智能工程师成为备受瞩目的职业。他们负责开发、优化和应用人工智能算法和系统，以满足不同领域的需求。这一岗位对从业者的技术要求较高，但也有着广阔的发展前景。

十、云计算工程师

云计算是信息技术的重要发展方向，云计算工程师负责构建、管理和维护云计算平台，确保企业能够高效、安全地使用云资源。他们需掌握网络、存储、虚拟化等技术知识，以及具备丰富的项目管理经验。随着云计算技术的广泛应用，云计算工程师的需求也在不断增长。

十一、物联网工程师

物联网技术通过将各种设备连接到互联网，实现数据的实时收集、传输和分析。物联网工程师负责设计、开发和维护物联网系统，确保设备之间通信和数据交换的顺畅进行。他们需具备硬件、软件和网络等多方面的技术知识，以及创新思维和解决问题的能力。

十二、区块链工程师

区块链技术以其去中心化、不可篡改等特性，在数字货币、智能合约、供应链管理等领域展现出巨大的应用潜力。区块链工程师负责区块链系统的设计、开发和优化工作，确保系统的安全性、稳定性和可扩展性。他们需深入理解区块链技术原理，具备编程、密码学、网络安全等方面的专业技能。

十三、网络安全工程师

在信息化日益普及的今天，网络安全问题日益突出。网络安全工程师负责保护企业的信息系统免受网络攻击和数据泄露等威胁。他们需要具备网络安全技术、网络攻防、数据加密等方面的知识和技能，以及敏锐的安全意识和应急响应能力。

十四、VR 与 AR 开发工程师

随着 VR 技术和 AR 技术的不断发展，其在游戏、教育、医疗等领域的应用也越来越广泛。VR/AR 开发工程师负责开发高质量的 VR/AR 应用和内容，为用户带来沉浸式的体验。他们需要掌握图形学、计算机视觉、人机交互等方面的知识和技能，以及创新思维和团队协作能力。

这些岗位不仅为求职者提供了丰富的职业选择，也推动了信息技术的不断发展和创新。随着技术的不断进步和市场需求的不断变化，这些岗位将继续发展和演变，为求职者带来更多的机遇和挑战。因此，对于有志于从事信息技术领域的人来说，持续学习和提升自己的技能和能力尤为重要。

【趣事杂谈】

武汉凡人英雄 | 快递小哥汪勇[1]

看到小护士在朋友圈里说了句，"好想吃大米饭啊"，他花了两天时间去寻找餐厅，帮医护人员准备了一顿饭。从除夕到现在的 20 多天里，快递小哥汪勇穿梭在武汉的大街小巷，接送金银潭医院的医护人员上下班，当采购员替他们跑腿买各种日用品。

"如果我能做什么，我一定要做点儿什么。"汪勇说，他接送的这些可都是能救命的人啊！就算他倒下了，节省下来的时间也能多救不少人吧，"怎么算我都是赚的"。

以下是汪勇的口述：

大年三十的晚上，我看到了一条朋友圈，说是金银潭医院的医护人员需要接送，如果没车，步行需要 4 个多小时。到早上 7 点都没有人回应，虽然我怕感染，但也不能让他们辛苦一天之后，睡科室或者走回去吧。

从大年初一到正月十三，我每天都要送大概 60 人次。

其实心里的生死关挺过去也很容易。我算过一笔账，如果一个医护人员每天上下班走路是 1 个多小时，一天我能节省 60 个小时，就算 10 天之后我真的倒下了，600 个小时，他们应该能救至少 10 条人命，怎么算我都是赚的。

很多时候，医护人员不会主动说他们的困难，他们觉得你解决了出行问题，已经很感激了，不好意思再麻烦我们，我们只能自己去发现问题。

---

〔1〕　侯天卉：《武汉凡人英雄 | 快递小哥汪勇：我接送的医务人员都是救命的啊!》，载 ht-tps：//baijiahao.baidu.com/s？id=16591462593369929368wfr=spider & wfr=6pider & for=pc，最后访问日期：2020 年 2 月 21 日。

一个医疗队的小护士在朋友圈说"好想吃大米饭啊",这在我们群里引起了广泛关注。那时候是下午4点,我表示,我们今天无论如何一定要让她吃上一口热饭!

她们可能求的只是果腹,但我就想让她们吃饱、吃好。虽然现在餐馆都不开门了,但我们还是花了两天的时间,动员了一家餐厅帮着准备了一顿晚餐。后来小护士对我们说,那是她从过年到现在吃过最好吃、最满意的一顿饭了。

从开始做志愿者,我就一直住在公司的仓库里,没有回家。

家里人知道以后,虽然嘴上说让我注意安全,其实晚上都睡不好。宝宝现在才两岁半,她妈妈说,每天晚上起夜都会拉开被子喊"找爸爸",找不到我就开始哭,真的很对不起他们。但我还是觉得我现在能做什么就一定要做点儿什么。

其实我也打过退堂鼓。我本来想的是防护都做好,我感染的几率可能并不高,但第一天送完之后,发现并没有防护物资,可能连口罩都不能满足。

因为我不收费,接送的医护人员为了感谢,就会给我几个口罩让我做好防护,我也很感动。他们自己原本戴4小时就应该换的口罩,现在要用上6小时,就为了给我们省出一个,我又有什么理由不坚持呢。

思考题

如果让你做一个信息化从业人员,你觉得你要学习什么知识呢?

第四节 广泛的行业应用

在当今这个快速发展的时代，信息化已经成为推动各行各业变革的重要力量。随着互联网、大数据、人工智能、云计算等技术的飞速发展，信息化已经渗透到社会经济的各个领域，深刻地改变了各行各业的运营模式、行业的竞争格局以及人们的生活方式。本节将探讨信息化给各个行业带来的改变。

一、媒体行业

在过去，每当人们准备启程出发，或开始一段新的旅途时，他们会形成一种习惯，那就是选择一份报纸。在旅途中，他们可以一边翻阅报纸上的时事新闻，一边度过那些孤独的时光。然而，随着互联网的快速发展和普及，这种旧日的习惯正在慢慢改变。

在这个数字新媒体迅猛发展的时代，传统的纸质媒体正面临着前所未有的挑战。网络、手机、网络电视等新媒体的出现给全球范围内的传统媒体带来了巨大的冲击。如果报纸的销量继续按照目前的趋势下滑，那么在未来，报纸很可能仅存在于人们的记忆里。

在过去的 10 年里，中国出现了大量的与网络共同成长的新生代。对于他们来说，报纸已经失去了往日的吸引力。年青一代更依赖互联网，更习惯在网络的海洋中寻找新闻和信息。网络的出现不仅改变了人们的阅读习惯，也使原有报纸的读者对报纸的依赖逐渐减少。与此同时，随着人们自主意识的不断增强，他们参与社会公共生活的热情和发表个人观点的欲望也日益增强。人们不再愿意被动地接受传统新闻媒体的信息，而是希望发表自己的观点，让社会听到他们的声音，从而获得参与社会治理的满足感。只有互联网才能满足这种双向互动的需求。互联网为我们打开了一个"人人都可以成为发言人，人人都可以成为新闻源"的新时代。

(一) 时效性

时效性是网络传播的独特魅力所在，它如同一道闪电，瞬间划破传统信息获取的沉寂。在快节奏的现代生活中，人们渴望的是即时的信息、即时的满足，而非等待报纸的悠闲时光。网络以无与伦比的即时性，让人们能够随时随地捕捉新闻动态，紧紧跟随重大事件的步伐。

传统媒体的运作流程，从稿件的撰写到编辑排版，再到校对与印刷，每一步都需耗时耗力，加之中介传播的局限性，新闻往往在抵达读者手中时已丧失时效性。它们如同一束束早已凋零的花朵，难以激起读者的兴趣和关注。

然而，网络新闻如同一条奔腾不息的河流，源源不断地将最新鲜、最热点的信息呈现给公众。无论事件发生在何时何地，网络都能在极短的时间内将其传遍世界的每一个角落。实时传播、同步更新、连续报道，网络新闻以它独特的优势，满足了公众对信息时效性的高要求，让人们能够在第一时间掌握事件的发展动态，感受新闻脉搏。

(二) 交互性

网络新闻具有无与伦比的交互性。在这个平台上，网友不再仅是新闻信息的单向接收者，而是能够化身信息的传播者和发布者。网络新闻打破了时空的壁垒，让信息传递不再受时间和空间的限制。只要有网络连接和一台设备，人们就能随时随地向全球范围内的其他网络用户分享、传递信息。只需指尖轻触鼠标，就能实现信息的即时交流，这种便捷与迅速，使信息的传播达到了前所未有的高效。

相比之下，传统新闻在传播过程中则较为局限。它们受到技术条件的制约，不仅传播速度相对较慢，而且受众的参与度相对较低。在传统媒体中，新闻往往以单向传播为主，人们只能被动地接受信息，而无法主动地参与新闻的制作和传播过程。

网络新闻以其强大的交互性和高效的传播方式，逐渐成为现代社会中不可或缺的一部分。这不仅极大地丰富了信息获取渠道，也提高了每个人参与社会事务的能力。在这个数字化、网络化的时代，网络新闻将继续发挥其独特的作用，为我们的生活带来更多的便利和乐趣。

（三）开放性

在当今的信息化时代，网络作为一种覆盖广泛、传输迅速、互动性强的通信工具，使得全球范围内的信息共享成为可能。它打破了一切传统意义上的信息壁垒，使得网络中的每一位成员，无论其社会地位、经济条件、教育背景如何，都能够站在同一条起跑线上，平等地获取和交流信息。这种信息共享的机制，实际上是一种将信息的自由空间扩展至每一个角落、每一个人的具体体现。它赋予了广大民众一种前所未有的能力——即刻拥有与世界同步进步的机遇。

在这样一片自由的信息海洋中，每个人都可以成为知识的探索者。你可能会惊讶地发现，自己竟然能够与杰出的物理学家杨振宁一同探讨物理学的前沿课题，共同挖掘自然界的奥秘；或者与科技巨擘比尔·盖茨交流思想，探讨软件产业的最新发展趋势和未来前景。这些平日里看似遥不可及的人物，通过网络平台，变得触手可及，他们的智慧和见解也得以在更广泛的范围内传播。

网络不仅是一个信息传递的工具，更是一种给予人们权利的平台。在这里，人们可以自由表达观点，进行讨论，甚至参与决策，网络给予了每个人发表自己声音的可能。这种权利的赋予，这种平等的交流，是传统新闻媒体难以实现的。传统媒体往往由少数人控制，信息的传播往往具有选择性和偏向性，而网络极大地弥补了这一点，它使信息的传播更加多元和立体，为公众提供了更加丰富和全面的信息视角。

因此，网络所带来的，不仅是一种信息获取方式的变革，更是一种社会文化现象的转变。它使人们体验到了作为信息时代公民所拥有的自由以及肩负的责任。这是网络赋予每一个普通人的宝贵财富，也是人们应当珍惜和维护的网络精神。

（四）表现形式

网络新闻是一种新兴的传播方式，它融合了文字、图片、视频、动画等多种媒介形式，使得新闻报道在内容上更加多元、全面，形式上更加直观、生动。这种多元化的表现手法不仅提升了新闻的视觉冲击力，也使新闻内容更具吸引力，增强了新闻的感染力和影响力，使受众更容易接受和理解新闻信息。

与此同时，传统新闻的表现形式相对较为单一。例如，报纸主要依靠文字和图片来传递信息，虽然有时也会配以图表或漫画，但整体上仍显得较为单调。广播则完全依赖声音传递信息，虽然可以通过主播的声音魅力和生动的描述来吸引听众，但在信息呈现的丰富性和直观性上存在一定的局限。电视新闻虽然声色并茂，图像和声音的结合使得新闻更为生动，但其在观众互动性方面仍有待提升，观众往往只能被动接受信息，缺乏参与感和互动性。

网络新闻正凭借其多元化的表现形式和高度的互动性，逐渐成为现代社会中人们获取和交流信息的重要方式。而传统新闻形式则需要在保持自身优势的基础上，不断进行创新和改革，以适应现代社会的发展需求。

（五）传播范围

在当今时代，互联网技术的飞速发展已经将全球紧密地连接在一起，使得地球真正意义上的缩小成了一个互相联通的"地球村"。只需面对电脑屏幕，我们就能感受到世界各地的风土人情，仿佛整个世界都搬进了我们的家中，让我们感受不到任何的距离感，时空的限制被彻底打破。通过网络，我们可以轻松获取全球任何一个角落的最新信息，无论是远的非洲、美洲，还是近的亚洲、欧洲，都近在咫尺。网络媒体带给我们的便利是，可以随时随地获取我们想要知道的信息，无论是实时新闻还是历史资料，都可以在网络中找到。

与此同时，与网络媒体形成鲜明对比的传统媒体显得有些被动。传统媒体是"告诉你什么，你才能知道什么"，是"告诉你什么时候，你才能知道什么时候"。这种单向的信息传递方式，虽然在一定程度上维护了信息的权威性和可信度，但也限制了人们获取信息的主动性和自由度。

正因网络新闻媒体具有如此多的优势，其发展速度如火箭般飞速，成为人们获取信息的主要渠道。然而，网络作为一个开放的信息平台，在为人们提供新闻言论自由的同时，也难免会有一些虚假的、恶意炒作的新闻掺杂其中，这导致了网络新闻的可信度受到一定的影响。相比之下，传统媒体在信息发布前，需要经过编辑、记者等多重筛选和核实，最终呈现在版面上的信息，其可信度要高得多。

因此，我们在网上浏览信息时，一定要具备辨别真伪的能力，不要被虚假信息误导。我们应该学会利用网络的优势，获取我们想要知道的信息，同时要保持警惕，避免被错误的信息误导，这样才能更好地利用网络资源，为自己的生活和工作带来便利。

【趣事杂谈】

她用真诚真心做新媒体，从小白逆袭成为广电
新闻大咖、新媒体一姐[1]

她叫邹雯，新闻科班出身，目前是浙江广播电视集团城市之声新闻部记者、编辑，同时是一位主持人，从事新闻工作16年。

三年前，集团领导找她谈话，希望她去运营一个抖音账号，尝试融媒体转型。从不看抖音短视频的她显然有畏难情绪，领导鼓励她说：你口才很好，文字稿子写得也棒，要对自己有信心。

2020年5月，浙江广电集团的抖音账号"新闻姐"正式注册上线。

一开始，邹雯精心制作的短视频发布在抖音上，除亲朋好友给她点赞外，点击量寥寥无几，"新闻姐"上线一个月，只有几十个粉丝关注。

凭着一股子不服输的劲头儿，在接下来的几个月里，她积极探索多种方式多样形式，尝试走情感路线、搞笑路线，以rap说唱技巧和发声方法来播报新闻，但始终收效甚微，这严重打击了她的自信心。

她不甘心，每天都在琢磨做新媒体如何才能出爆款，她发现新媒体的套路和传统广播完全不同，如果新媒体的头两句话不吸引人，用户立马就会离开。她播报的内容大多是浙江省内新闻，在抖音上地域性较强的账号爆款肯定很难，于是邹雯决定到更广阔的领域里去寻找选题。

每天，邹雯就像大海捞针一样，闷头看电视听广播，读报纸杂志，上网寻觅，不找不到合适选题决不罢休，渐渐地"新闻姐"视频号有了起色。

"新闻姐"视频号的第一个爆款是邹雯发了一条挑战者攀登珠峰的视频，获得点赞量1万。由此她的粉丝量也涨到了1万。邹雯说，万粉

---

〔1〕 绿颜范虎：《她用真诚真心做新媒体，从小白逆袭成为广电新闻大咖、新媒体一姐》，载 https：//www.toutiao.com/article/7256219377308484150/？wid=1726735910709，最后访问日期：2023年7月19日。

是她坚持做下去的唯一动力。

俗话说，万事开头难，有了万粉的关注，极大地提高了邹雯做新媒体的信心。

有一次邹雯突然发现一个好素材——青岛423万余份的核酸检测，从取样到出结果，只用了两天。邹雯敏感地意识到，这个题材可以做一个短视频。她及时搜集相关资料，向专家求教，跟踪市防疫指挥部新闻发布会内容，及时制作了《青岛核酸采样展现中国速度》短视频。

视频当晚发布后，邹雯没有过多注意，第二天起床，她习惯性拿起手机，欣喜地发现这条视频竟然一下蹿红网络，爆款数据突破了她的历史纪录：获点赞240万人、评论8万条。"新闻姐"账号一夜间暴增粉丝多达40万。有网友在评论区评论到反应神速啊！主播的口才和逻辑太厉害了……

邹雯的走红与她的勤奋是分不开的，她在完成电台记者工作的同时，每天都要花上五六小时制作视频，从确定选题到资料收集，从撰稿到拍摄，从录音剪辑到发布，整个流程均由她一个人完成。她发布的"胡鑫宇事件""叶婷事件"等视频频频走红网络。

当然，"新闻姐"视频号走红还得益于她的团队协作精神。2021年夏天，台风烟花登陆浙江省，邹雯和她的团队前往积水严重的杭州萧山进化村，顶着台风刮起的狂风骤雨进行现场报道，凭着3场台风直播和"新闻姐"播发的10条相关视频，很快就收获了100万粉丝。

"新闻姐"之所以火遍全网，关键是邹雯抓住了网民的关注度和时效性。同时，邹雯的表述自然流畅、简明扼要、口齿清晰，对新闻分析一针见血，满满都是正能量。

平凡而普通的人群的故事最能打动人心。2022年10月15日，"新闻姐"播发了一条视频，讲述一名司机开车坠入河中，当时有4名路人挺身而出，救人后又悄然离开的真实感人的故事，这4人是水务工、货车司机和小店店主，他们见义勇为的行为反映出基层普通劳动者的精神风貌，该视频的播放量高达1780万，点赞量高达75万人。

邹雯经三年逆袭蜕变，从一开始焦虑到哭的短视频小白，成长为全网拥有 3000 多万粉丝的全国广电新闻大咖、新媒体"一姐"。

在粉丝眼中，邹雯专业、严谨、逻辑清晰，她用真诚和正能量赢得了粉丝的心。

2023 年 2 月，邹雯荣获全国巾帼建功标兵称号。

我们从网上获取新闻的方式多种多样，而浏览新闻网站应该是获取新闻最便利、最快捷的方式，因为新闻网站整合了大量的不同类型的新闻，想看什么都能找到。

目前最主要的是以下五大新闻网站：

（1）人民网：作为《人民日报》建设的以新闻为主的大型网上信息发布平台，人民网凭借其权威性和公信力，成为众多网友获取时政新闻的首选。无论是国内外大事，还是社会热点，人民网都能迅速、准确地为网友提供最新、最全面的报道。

（2）新华网：新华网是国家通讯社新华社主办的综合性新闻信息门户网站，其新闻内容涵盖政治、经济、文化、科技等领域。新华网以快速、准确、权威的新闻报道赢得了广大网友的信赖。

（3）中国新闻网：中国新闻网是中国新闻社主办的综合性新闻网站，致力于向全球华人提供及时、准确、权威的中文新闻服务。中国新闻网以其独特的视角和深入的报道，赢得了众多网友的喜爱。

（4）腾讯新闻：腾讯新闻是腾讯公司旗下的新闻门户网站，其新闻内容涵盖了国内外时事、财经、体育、娱乐等领域。腾讯新闻以丰富的新闻资源和便捷的阅读方式，吸引了大量网友的关注。

（5）网易新闻：网易新闻是网易公司推出的综合性新闻网站，其新闻内容涵盖了国内外时事、社会、财经、科技等领域。网易新闻以其独特的评论风格和深入的新闻报道，赢得了众多网友的喜爱。

这些新闻网站各具特色，为网友提供了丰富多样的新闻选择。然而，面对数量如此众多的新闻网站，如何才能选择适合自己的新闻来源呢？首先，我们要根据自己的兴趣和需求，选择关注自己感兴趣的新闻领域；其次，我们要关注新闻网站的权威性和公信力，选择那些经过严格筛选和核实的新闻来源；最后，我们要学会辨别新闻的真伪，不要被虚假新闻误导。

在这个信息爆炸的时代，我们每天都会接触到大量的新闻信息。如何有效地筛选和获取有价值的新闻，是每个人都需要面对的问题。因此，我们需要学会运用各种新闻网站和工具，提高自己的新闻素养和信息筛选能力，以更好地应对这个时代的挑战。

二、商业领域

信息化对商业领域的改变是深远的，它如一股清新的春风，吹拂着每一个传统行业的角落，带来了前所未有的机遇和挑战。以下从生产管理、销售管理、支付方式、客户服务、数据管理等方面，进一步详细阐述信息化对商业领域的具体改变。

（一）生产管理

在生产管理方面，信息化的引入为企业带来了显著的改进。首先，借助先进的生产管理系统，企业可以实现生产过程的自动化和智能化，大幅提升了生产效率。这种"智能化"的转变，使得生产过程更加流畅，减少了人为干预，从而降低了人力成本。其次，信息化管理系统为企业提供了实时监控和调度的能力，无论是设备的运行状态还是生产线的进展，都能通过数据一目了然。这种"实时性"的监控，使企业能够及时发现和解决问题，确保生产的稳定性和可靠性。最后，信息化使得企业能够更加灵活地应对市场变化和客户需求。通过快速调整生产计划，企业能够满足多样化的市场需求，提高自身的竞争力。

（二）销售管理

在销售管理方面，信息化同样为企业带来了革命性的改变。首先，通过信息化管理系统，企业可以实时跟踪销售数据和客户信息，对市场需求和趋势进行精准分析。这种"实时性"和"精准性"的数据分析，使得企业能够制定更加科学合理的销售策略，提高销售效率。其次，电子商务平台和移动应用的普及，为企业与客户之间的互动提供了更多的可能性。通过这些平台，企业能够为客户提供个性化的产品和服务，增强客户忠诚度和满意度。此外，信息化还实现了销售流程的自动化和智能化，降低了销售成本，缩短了销售周期，进一步增加了销售额。

（三）支付方式

在商业活动中，移动支付和小微支付目前普遍应用，对个人经营和中小企业经营具有巨大意义：一是采用移动支付和小微支付方式，个人经营或中小企业经营能够显著提升支付效率，从而减少现金交易过程中可能出现的时间延误和安全风险。这种便捷的支付方式不仅能够使顾客快速完成支付，还能够帮助商家在繁忙的营业时段中，更加高效地处理交易，确保资金流转的顺畅。通过减少对传统银行服务的依赖，商家能够大幅降低交易成本，包括银行手续费和人工处理费用。这不仅减轻了商家的财务负担，还能够将节省下来的资金用于发展其他业务或改善服务上，从而在竞争激烈的市场中获得优势。二是方便快捷的移动支付和小微支付方式，能够极大地提升顾客的购物体验。顾客不再需要携带大量现金，只需通过手机或其他移动设备即可完成支付，这不仅增加了顾客购物的便利性，也提高了商家的销售额和客户满意度，进而有助于建立稳定的客户群体。三是移动支付和小微支付方式的引入，使得个人或中小企业的经营管理水平得到显著提升。商家可以实时监控财务数据，通过分析这些数据，商家能够更好地了解销售趋势、顾客偏好和库存状况，从而作出更加精准的经营决策。四是与传统的支付方式相比，移动支付和小微支付为商家提供了更多接入金融服务的机会。商家可以通过这些支付平台轻松接入贷款、理财等服务，不仅能够优化自身的资金管理，还能够为顾客提供更多元化的服务选项，增强顾客的忠诚度和满意度。

商家如何使用移动支付和小微支付呢？

（1）商家需要去开通移动支付和小微支付的账户，这样客户才能方便地用手机支付。

（2）将企业银行账户与这个服务连起来，这样一来，通过移动支付和小微支付收到的钱就能直接进入企业账户里。

（3）设置一个支付密码，这个密码要记牢，同时，明确每天最多能支付多少钱，保证资金安全。

（4）在手机应用里设置一个二维码，这个二维码就像电子钱包一样，让顾客扫一扫就能付钱，非常方便。

（5）告诉顾客怎样用手机扫二维码来支付，可以打印出来放在店里，或者在手机上展示给顾客看。

（6）查一查交易记录，确认一下账目对不对，这样能清楚地知道每天的收支情况。

（7）把收到的钱转入企业银行账户里，以用于企业管理。

（四）客户服务

在客户服务方面，信息化技术为企业提供了更加高效、便捷的解决方案。首先，智能客服系统的引入使得企业能够更快速地响应客户需求。这种系统通过自然语言处理技术和人工智能算法，能够理解并回答客户的问题，为客户提供及时有效的帮助。其次，数据分析技术的应用使得企业能够深入了解客户需求和行为。通过挖掘和分析客户数据，企业能够发现潜在的问题和机会，为客户提供更加个性化的服务。此外，信息化还帮助企业实现了跨部门和跨地区的协同工作，提高客户服务的效率和质量。

（五）数据管理

在数据管理方面，信息化为企业提供了更加高效、准确的数据处理和分析能力。随着大数据技术的不断发展和应用，企业可以收集、存储、处理和分析海量的数据资源。这些数据涵盖市场趋势、客户需求、竞争对手动态等方面，为企业提供了宝贵的决策支持。通过数据分析和挖掘技术，企业能够发现隐藏在数据背后的规律和趋势，为制定战略和决策提供更加科学、合理的依据。此外，信息化还使得企业能够实现数据的共享和协同工作，提高了工作效率和决策水平。

三、制造业领域

信息化对制造业的改变主要体现在以下六个方面：

（一）自动化和机器人技术：全自动化生产

提高生产效率：通过引入机器人和自动化技术，生产线可以实现24小时不间断工作，大幅提高生产效率。

降低人员成本和风险：减少对人力的高度依赖，降低人工成本，执行一些高风险、危险的任务，确保员工安全。

提升产品质量和一致性：机器人操作的高精度和高速度保证产品的质量和一致性，降低产品缺陷率。

（二）物联网和传感器技术：实现对生产过程的监控和控制

实时监控与数据采集：通过在生产线上部署大量的传感器和设备，物联网技术可以实时收集生产设备的状态、环境参数以及产品的实时信息。

数据分析与智能决策：收集到的数据经过分析，可以预测潜在问题，并实时作出调整，优化生产流程。

远程控制：物联网平台允许工作人员通过远程控制系统来操作生产设备，减少停机时间。

（三）虚拟现实技术：产品设计、模拟生产

原型设计：通过三维建模进行拼装、调整等操作，可以大大降低原型制作的成本和时间。

实际尺寸测试：设计师可以在虚拟环境中进行实际尺寸测试，缩短产品测试周期，提高产品品质。

（四）供应链管理系统：对供应链各个环节的管理和协调

提高供应链效率：通过供应链管理系统，企业可以更有效地管理供应商、订单、库存、生产计划等各个环节，提高整体效率。

优化库存：减少库存积压，降低库存成本。

提高客户满意度：通过更准确地预测需求，及时交付订单，提高客户满意度。

（五）智能质量管理系统：实现对产品生产和质量的全过程监控和管理

实时性：智慧质量管理可以实时监测供应链中的各个环节，及时发现问题，及时采取措施。

智能化：通过物联网技术实现设备之间的智能交互，自动化地采集和处理数据。

数字化：采用大数据技术，对大量数据进行分析和处理，提取有用信息，帮助企业作出决策。

（六）智能物流管理系统：对物流过程的全程监控和管理

智能预警：通过物联网技术实时监测货物的温度湿度和状态，对异

常情况进行智能预警。

智能调度：利用大数据分析和智能算法对物流资源进行智能调度，提高运输效率和服务质量。

智能监控：利用视频监控和传感器技术对物流全过程进行实时监控，确保物流安全和准时性。

四、艺术领域

提及艺术，人们通常会认为那是艺术家独享的领域，与自己无关。在传统艺术领域，精英文化占据主导地位，话语权为精英作者所垄断，出版社的高门槛使得公众难以成为艺术的主体。然而，网络艺术的崛起彻底颠覆了这一局面，它让"人人都可以成为艺术家"拥有了可能性。

网络的开放性和平等性为网民提供了一个自由表达的平台。在这里，他们可以畅所欲言，抒发情感。大量的免费电子空间，如论坛、博客等，成为艺术作品的展示舞台。网民可以随时随地、随心所欲地创作并发表作品，艺术门槛被降低至前所未有的程度。网络艺术不再是艺术家的专利，一元话语霸权被彻底打破，艺术真正实现了大众化。

网络艺术的核心在于其数字特性。只有在网络上，这些作品才能最大限度地发挥其影响力。传统艺术受限于传播媒介，往往是纯视觉或纯听觉的艺术形式，如文学作品、绘画、雕塑、音乐等。网络艺术打破了这一限制，它以网络为传播媒介，将诗歌、小说、广告、戏曲、绘画、音乐、电影等多种艺术形式糅合，实现了艺术的多样化与语言的多元化。这种数字化的特征让网络艺术成为一个真正的艺术创新领域。

网络艺术的自由性体现在创作、展示和传播的各个环节。创作者可以根据自己的喜好和创意进行艺术创作，无须受到传统艺术规范和审查制度的限制。同时，网络艺术作品的展示和传播也无须受到地理位置和时间的限制，可以迅速传播到全球各地，让更多人欣赏和参与其中。

网络艺术的多样性体现在艺术形式的融合和跨界上。在网络艺术中，不同艺术形式可以相互融合，如将绘画和音乐结合成互动艺术作品，将小说和电影结合成多媒体故事等。这种跨界合作不仅丰富了艺术的表现形式，也为艺术家提供了更多的创作空间。

网络艺术的创新性体现在其对传统艺术观念的挑战和突破上。网络艺术打破了传统艺术的边界，将艺术创作和观众参与融为一体，使得艺术成为一种互动和体验的过程。这种创新性的艺术形式不仅让观众更加参与其中，也使艺术更加具有时代感和现实意义。

网络音乐的创作和传播更加自由。从《东北人都是活雷锋》《老鼠爱大米》到《两只蝴蝶》《爱情买卖》，从雪村、杨臣刚到"西单女孩""旭日阳刚"，不少歌曲因网络而迅速风靡，一些原本籍籍无名的音乐人一夜走红。网络已经成为音乐发布和推广不可或缺的渠道，特别是为草根音乐人提供了一个便捷、低成本的"成名"之道。

互联网降低了音乐创作的门槛，没有电台的标榜，没有唱片公司的包装，没有太多的商业元素，只要拥有一台电脑和音乐编辑软件，就可以想唱就唱，给每一个人成为网络歌手提供了可能。

网络为民间的音乐爱好者提供了平等的机会，无数想成名的音乐人以前只能在酒吧里卖唱，为的是有朝一日可以得到伯乐的青睐。如今，音乐爱好者可以把歌曲上传到网上，依靠网络的力量迅速传播开。

网络歌曲走红的原因之一在于歌曲的通俗性。歌曲普遍反映了民众的生活，它能真正走进人们的内心世界，抒发自我的真实感受，旋律简单，朗朗上口，这使流行更容易实现。

世界杰出的音乐家、小提琴家、指挥家耶胡迪·梅纽因说："从人类的初始起，音乐的一个目标就是给人们带来快乐。"网络歌曲作为音乐的一种，它的通俗性决定了它拥有大众基础，人们用自娱自乐的方式替代过去一贯的充当听众的被动角色。人们可以主动参与，在参与中获得乐趣，从简单、明快的曲调和浅显动人的歌词中，获得最充分的轻松和享受。

【趣事杂谈】

虚拟歌手荷兹（HeZ）是一位在综艺节目《明日之子》中亮相的虚拟偶像。

1. 基本信息：

性别：男

生日：11 月 17 日

身高：179 厘米

体重：60 千克

星座：天蝎座

形态：紫荷花

名字含义：代表波长

应援色：紫蓝色

粉丝名：充电宝

喜欢的颜色：紫色

喜欢的动物：猫

2. 人物特点

爱好：看动画片，吃各种美味的食物，唱着自己的音乐歌曲

性格：宅男一枚，喵兹（荷兹）每天都要充电，不然没有电就不能开机了

必备零食：可乐、薯片、冰激凌等

愿望：想要成为一个爱着音乐、一直唱着歌的吃货

3. 参与活动

在《明日之子》魔音赛道中，荷兹以虚拟偶像的身份参赛，凭借其独特的音乐风格和形象，吸引了大量粉丝。

荷兹的初次上台作品是《罐头》，获得了华晨宇的喜欢，并成功晋级。

在后续比赛中，荷兹通过改编多首热门歌曲，如《爱的供养》《PDD》《Mine》等，展现了自己的音乐才华和创新能力，成功进入九大厂牌，并最终进入前六强。

4. 技术实现

荷兹是一个虚拟的动漫人物，通过声优配音，由技术团队利用 AR+实时动作捕捉+3D 实时渲染技术，将其形象呈现在观众面前。

为了保证在线观看直播的观众能够看到荷兹，技术团队舍弃了在现场打造全息投影的方式，确保观众能够流畅地观看荷兹的表演。

5. 社会反响

尽管荷兹的出现引发了一些争议，但也有很多人支持他的存在，认为虚拟偶像为音乐界带来了新的可能性。

荷兹的《罐头》在 QQ 音乐《明日之子》人气榜上霸榜一周，显示出其受欢迎程度。

荷兹的粉丝为他创作了多首生日应援曲，并在各大音乐平台上发布，体现了对他的喜爱和支持。

虚拟歌手荷兹以其独特的音乐风格和形象，在《明日之子》等综艺节目中赢得了众多粉丝的喜爱和支持。他的出现不仅为音乐界带来了新的元素和可能性，也体现了人工智能和虚拟技术在娱乐领域的广泛应用和发展。

五、农业领域

（一）农业物联网

农业物联网是指通过现代科技手段，如传感器、通信设备和云计算等，实现农业生产过程中各种要素之间的信息交互和协同

作业。这一技术的应用使农业生产变得更加智能化和高效化。

一方面，农业物联网利用各种传感器，如气象传感器、土壤湿度传感器等，实时采集农业生产环境中的各种数据。这些数据通过无线通信设备传输到云计算平台，经过大数据分析和预测，为农民提供科学的决策依据。例如，气象传感器可以实时监测气温、湿度、风速等气象数据，通过云计算平台对这些数据进行分析和预测，农民可以根据预测结果及时调整种植计划，选择合适的播种和收获时间，从而提高农作物的产量和质量。

另一方面，农业物联网的应用还可以提高资源利用效率。通过实时监测土壤湿度、养分含量等数据，农民可以精确控制灌溉和施肥量，避免过度使用水资源和化肥，减少环境污染。同时，农业物联网还可以实现精准农业，通过无人机、智能农机等设备，实现精准播种、施肥、喷药等作业，提高农业生产效率和农产品质量。

农业物联网的应用能够实现农业生产要素之间的信息交互和协同作业，提高资源利用效率，减少农药和化肥的施用量，实现可持续农业发展。这一技术的广泛应用将为现代农业带来革命性的变化，推动农业向智能化、高效化和可持续化方向发展。

(二) 农业市场信息服务

这个服务能提供农产品的最新行情、价格走势和供求信息，帮助需求者作出更明智的决策。例如，农户若想了解当前哪种蔬菜经济效益最高，以及何时售卖最宜，农业市场信息系统可以提供有效信息，助力农户作出决策。

农业市场信息服务可以帮助农户了解市场情况，让农户种的菜、卖的东西更符合市场需求，避免亏本。它就像一个贴心的市场小助手，随时更新市场的最新动态，使农户在农业经营中如鱼得水，轻松应对各种市场变化。

(三) 农产品质量追溯系统

农产品质量追溯系统如同详尽的日志，完整记录了农产品从种到收再到送到消费者手中的每一个步骤。使消费者能知道农产品是怎么来的，安不安全。

例如，消费者买了一袋蔬菜，想知道它是怎么长出来的，有没有打过农药。此时，只需要用手机扫描包装上的二维码，或者输入包装上的商品条码，就能访问一个专属网页，上面详细记录着这袋蔬菜的"成长日记"。通过这个页面，消费者可以清晰了解蔬菜的种植农场、施用肥料、加工过程以及运输路线等完整信息。这些信息不仅让消费者吃得更放心，也加强了对这个品牌的信任。

这个系统不仅使消费者买得更安心，还帮农户和生产者把他们的农产品管理得更好。这样一来，大家都能吃到更健康、更安全的食物，农户也能赚更多的钱。而且这个系统能帮助农户改进种植方法，减少浪费，提高效率。例如，如果某个农场的蔬菜总是有虫子，他们就能通过系统看到这个问题，及时调整种植策略，让蔬菜长得更好，减少损失。

(四) 农业机械自动化控制技术

农业机械自动化控制技术的发展，为现代农业生产带来了革命性的变化。通过将自动化控制技术应用于农业机械，能够实现农机的智能化操作，极大地提高农业生产效率和管理水平。例如，无人机技术在农业中的应用越来越广泛，它们可以进行农田巡查，实时监控作物生长情况，及时发现病虫害等问题。此外，无人机还可以执行精准施肥作业，根据作物的实际需求，将肥料均匀地喷洒在农田中，既提高了肥料的利用率，又减少了环境污染。

智能灌溉系统也是农业机械自动化控制的一个重要应用。通过安装传感器和使用先进的控制算法，智能灌溉系统可以根据土壤湿度、气候变化等因素，自动调节灌溉时间和水量，确保作物获得最佳的水分供应。这种自动化的灌溉方式不仅提高了水资源的利用效率，还大大节约了劳动力成本，减轻了农民的负担。

农业机械自动化控制技术的应用，使得农业生产变得更加高效、精准和可持续。通过智能化的操作，农业生产者可以更好地应对各种复杂的生产环境，提高作物产量和质量，同时降低生产成本，推动农业产业的现代化发展。

（五）农业生产管理

农业生产管理是指对农田进行科学、系统的规划和操作，以确保农作物的健康生长和高产优质，包括制订详细的种植计划，合理安排作物的种植时间和品种选择，以及进行有效的施肥和灌溉操作。此外，农业生产管理还涉及对病虫害的及时防治，以减少农作物的损失。

通过利用先进的技术手段，如土壤水分、温度和光照等指标的监测和分析，农业生产管理可以变得更加精准和高效。这些指标的实时数据可以帮助农民了解农田的具体情况，作出科学的决策。例如，通过监测土壤水分，农民可以精确控制灌溉时间和水量，避免水资源的浪费，同时确保作物获得足够的水分供应。温度和光照的监测则有助于调整种植时间和作物布局，以适应不同季节和气候条件的变化。

精准的农业生产管理不仅能够提高农作物的产量，还能显著提升农产品的质量。通过科学的种植和管理，农作物的生长周期和生长环境得到优化，从而减少病虫害的发生，降低农药的使用量，最终生产出更健康、更安全的农产品。此外，精准农业还能减少资源浪费，降低生产成本，提高农业生产的可持续性。

思考题

如果在家务农，你需要运用什么技术进行辅助呢？

推荐书目

1. 《远程工作革命》，［美］罗伯特·格雷泽著，李莎译，中信出版集团 2021 年版。

2.《高效能人士的七个习惯》，［美］史蒂芬·柯维著，高新勇、王亦兵译，中国青年出版社 2016 年版。

3.《智能机器时代人工智能如何改变我们的生活》，［德］乌尔里希·艾伯尔著，赵蕾莲译，新星出版社 2020 年版。

推荐电影

1.《星际穿越》（2014 年），［英］克里斯托弗·诺兰执导。

2.《大创业家》（2017 年），［美］约翰·李·汉考执导。

第四篇

改变学习

　　活到老，学到老。在信息技术的推动下，知识呈爆炸式增长，只要身处这一信息时代里，我们每天都会接触到层出不穷的新鲜事务和浩如烟海的信息。

　　"百度一下，你就知道"，这是现在网民日常解决问题的真实写照，人们碰到任何难题，都可以在网上得到解决；AI 大模型的出现，能够更高效、更便捷地帮助人们获取信息、知识；国家智慧教育公共服务平台、终身教育平台的出现，打破了大学的"围墙"；电子阅读在信息技术的发展下已经成为重要的阅读途径。

【阅读提示】

1. 了解信息技术对学习方式的影响。
2. 了解远程教育的特征。
3. 了解搜索引擎的使用技巧。
4. 了解电子书的兴起与发展。
5. 了解电子阅读的普及。

第一节 信息海洋大搜索

玉兔二号、嫦娥六号探测器在月球背面"看到"了什么？蛟龙号载人潜水器长什么样？今年有什么令人期待的电影？高铁新增了哪些线路？你要去旅游的地方有什么打卡点？故宫今年有什么展览？在哪能喝到最正宗的北京豆汁？当遇到这些问题的时候，人们自然而然地使用某个App的搜索功能去寻找答案，也有很多年轻人会直接交给手机的语音助手去解决。无论是各种 App，还是语音助手，搜索答案的都是互联网中的一种神奇的工具——搜索引擎。搜索引擎是可以自动地从互联网中搜集信息，经过组织和整理以后，为我们提供检索服务的系统，它就像一本百科全书，包罗万象，不管查找什么信息，都可以通过它来找到答案。

搜索引擎为什么是这样一个"万事通"呢？这还要从它的工作原理讲起。

一、工作原理大揭秘

互联网出现之后，网上的信息呈现爆炸式增长，并且毫无秩序，就像汪洋上的一个个小岛，而网页间的超链接就是这些小岛之间纵横交错的桥梁。为了在现有的数亿网页中找到信息，搜索引擎使用了一种特殊的机器

人，被称为"网络蜘蛛"，它爬行到某些网页，然后根据网页上的超链接，就像日常生活中所说的"一传十、十传百……"一样，从少数几个网页开始，爬行到互联网中的其他网页，每爬行一个网页就是一个信息采集的过程。然后，搜索引擎将搜集到的信息按照一定的规则进行编排，以便迅速找到所需的资料。最后，搜索引擎按照特定的算法计算搜索的关键词与每个网页的相关度，以超链接的方式将搜索结果返回给使用者。通常，搜索引擎在超链接下会提供一小段网页的摘要信息，以便帮助使用者判断此网页是否包含自己需要的内容。

【拓展阅读】

让我搜得更准确些吧

搜索引擎功能强大，但是使用方法非常简单，只需在搜索引擎的文本框中输入关键词或相关内容，然后点击"搜索"按钮，答案很快会呈现出来。假如，你想知道"微博"是什么，只需输入"微博"二字，搜索引擎很快就会把搜索结果返回给你，在搜索结果中，你会轻松找到你想要的答案。

我们在网上搜索资源时，往往只是简单输入关键词，但经常会遇到搜索的结果与自己所需内容不符等问题，这是因为我们在描述关键词时经常用口语表述，而目前电脑还不能做到和人一样处理自然语言，因此，在进行搜索时，我们需要从日常语言中提炼出核心关键词，且准确又易于理解。此外，还可以利用一些小技巧来提高搜索结果的准确性。

具体、准确的关键词

对于需要搜索的东西，应尽量具体、准确地描述它，不要用含义模糊的词，因为搜索引擎是非常严谨的，关键词不同，搜索结果也不同。比如，想搜索关于北京市公务员的信息，那么应直接将"北京市公务员"作为关键词，而不应用"公务员"这样一个模糊笼统的词。

多个关键词

很多时候为了缩小搜索的范围，可以借助空格用多个关键词来搜索，这样搜索的准确性会更高。比如，想要电视剧《觉醒年代》的剧照，那么就以"觉醒年代 剧照"来搜索，这样搜索结果中就不会出现一大串《觉醒年代》的介绍或新闻了。

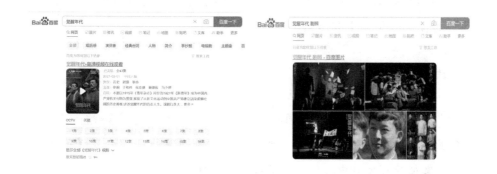

巧用符号

利用多个关键词搜索信息时，使用减号（-）可以排除包含某个关键词的信息；使用竖线（|）可以达到并行搜索的目的；去除空格，还可以使搜索结果与关键词严格匹配。

以上只是一些搜索小技巧，还有很多高级技巧就不在此一一阐述。搜索没有特定的规则，只有一个观念，就是"什么都可以搜"。

二、百度必应随时搜

Baidu——百度

"百度一下，你就知道"，这是中文搜索领域的一句流行语。这里的"百度"就是全球最大的中文搜索引擎，由曾就读于北京大学的李彦宏和

徐勇于 1999 年在美国硅谷创立。2001 年，百度聚焦国内市场，专注于中文搜索，致力于向人们提供"简单、可依赖"的信息获取方式。经过二十多年的发展，百度在不断地完善着自身功能，陆续推出了 MP3、新闻、图片、黄页、影视、地图、百度贴吧、百度知道、百度百科、百度文库，文心一言等一系列的搜索工具与服务系统。通过大模型技术的应用，现在的百度甚至可以对一些数学、编程等问题进行 AI 智能解答，直接给出答案。作为中国本土的一款搜索引擎，"更懂中文"的百度，是一种使起来更顺手的搜索工具。

【拓展阅读】

"百度"一词源于宋代词人辛弃疾《青玉案·元夕》的一句词："众里寻他千百度，蓦然回首，那人却在灯火阑珊处。""众里寻他千百度"，象征着百度对中文信息检索技术的执着追求。

"熊掌"图标的想法受"猎人巡迹熊爪"的启发，与百度的"分析搜索技术"非常相似，从而构成了百度的搜索概念，也最终成为百度的图标形象。由于在搜索引擎中大多有动物

形象，如 SOHU 的狐、Google 的狗，所以百度顺理成章地做成了熊。百度熊也成为了百度公司的形象吉祥物。

Bing——必应

必应（Bing）是微软公司于 2009 年 5 月 28 日推出的全新搜索引擎服务，受到了广大用户的青睐。相较于百度，必应集成了多个独特功能，包括每日一图、可视化搜索、学术搜索、个性化体验，以及崭新的搜索结果导航模式等。登录微软必应首页（cn. bing. com），或直接打开 Microsoft Edge 浏览器（该浏览器默认使用必应搜索引擎），或直接按下

Windows Phone 手机搜索按钮，均可直达必应的网页。也可以扫描国内版必应主页右上方的二维码，将必应 App 下载到手机中。

　　必应的搜索本领是"实战"检验过的。为了证明和推广必应，微软公司曾在全球多个地区举行了"必应搜索 全球 PK 赛"。通过让主动报名的用户对随意内容进行 5 次搜索，并在隐藏搜索引擎的情况下将不同搜索引擎的结果显示给用户，让用户完全凭借自己的喜好选出他们满意的结果，五轮结束后，用户可以看到微软必应和另外一家搜索引擎的 PK 结果。在某些地区 2500 万参与者中，超过六成的人对必应的搜索结果感到惊喜，超过三成的人表示会更多地使用必应，不到两成的人表示会迁移到必应。

　　2020 年 10 月 6 日，微软官方宣布 Bing 改名为 Microsoft Bing，随着改名，Bing 将从单纯的搜索引擎整合为一个微软旗下的完整搜索服务。

【趣事杂谈】

"Bing" 名字的由来

　　"Bing" 这个名称是由微软公司内部的品牌和命名专家团队开发的。在探索了各种各样的选项之后，"Bing" 由于易于使用、易于记忆和包含独特性，最终被选为新搜索引擎的名字。

　　微软的团队还在重点测试群体中进行了测试，确保它与用户产生共鸣，并具有品牌潜力。名称 "Bing" 有许多积极的含义，包括在英语中的易于发音（必应）和具有友好和亲和力的声音，接近 Bingo。

　　它也短小简洁，易于记忆和在搜索栏中输入。此外，这个名称还有被用作动词的潜力，如"谷歌某事"，这进一步增强了它的记忆力和品牌潜力。

　　网络上还流传着一种有趣的说法，"Bing" 的名称来自一位百岁老人的姓氏，即 1909 年 10 月 12 日出生于德国、现于美国生活的理查德·宾博士（Dr. Richard Bing）。当时已经 99 岁高龄的理查德·宾博士见证了两次世界大战、大萧条时期、飞机旅行、空间旅行、互联网、集成电路和全球化等重大历史事件，但仍然思维依然清晰，谈话富有条理。他通过传真的方式向微软市场营销副总裁米奇·马修斯（Mich Mathews）表达了自己虽然已经 99 岁但仍愿意为微软做点事情的意愿，并希望微软考虑将其姓氏作为微软新型搜索引擎的名称。他丰富的阅历最终得到了 Bing 主管斯特凡·维茨（Stefan Weitz）的肯定。最终微软在经过考虑后，决定答应理查德·宾博士的请求，将微软新型搜索引擎命名为"Bing"[1]。虽然没有直接证据证明"Bing"的命名与这位老人有着直接的关系，但说法本身给"Bing"这个名字的由来添加了更多趣味性。

三、语音助手正流行

"小爱同学，狮子的英语怎么说？"

"Lion！"一口标准的英语从小米手机中传出。

以上就是日常生活中人们与语音助手的对话，搜索答案已经可以不再用手一个字一个字地"敲"了。语音助手，是一种基于人工智能，通过应用计算机声学、计算机语音、知识图谱、机器学习等技术，搭载在各种智能设备上的智能语音交互系统，能够通过语音和人类用户进行沟通，帮助人们完成各种操作或提供各种服务。例如，华为公司开发的"小艺"、小米公司开发的"小爱同学"、百度公司开发的"小度"、苹果公司开发的"Siri"，这些语音助手已经通过对话的方式，越来越多地帮助人们搜索、解决一些问题，甚至是完成一些相对复杂的任务。

以小米公司的小爱同学为例。当你问小爱同学"今天天气好吗？"时，小爱同学并不是简单地直接把你的原话放到网上搜索，而是先通过自然语言分析技术来理解你的语言，然后分析你的需求和意图，同时到

---

〔1〕 腾讯科技讯，微软 Bing 名字来源首次曝光为百岁老人姓氏，载 tech. qq. com/a/20091014/000163. htm，20240708，最后访问日期：2023 年 8 月 2 日。

网上检索相关内容，再通过自己的"思考"得出结论，最终组织好语言反馈给你。对于"今天天气好吗?"这个问题，它也许会告诉你今天的具体天气、温度、湿度、空气质量以及是否适合出行。

目前，像小爱同学一样的语音助手应用在个人移动、智能家庭、智能穿戴、智能办公、儿童娱乐、智能出行、智慧酒店、智慧学习等多个场景中。

四、大模型正兴起

虽然搜索引擎和语音助手的功能很强大，但是和大模型比起来，它们的功能还是太弱了。看看下面的画作，在分别输入"薄涂炫酷少女头像，田野花朵盛开""画夏天露营，荷叶莲花，明亮梦幻般视觉"等关键词后，由大模型在几十秒钟内"画"出的画。

由百度"文心一言"生成的图片

不只是画画，归纳资料、编程、热点分析、考研攻略、面试穿搭对于大模型来说都不在话下，只需选择好要生成的文件和在对话框中输入关键词，点击生成即可，然后大模型就会在即时完成任务。面对如此智能的大模型，你想好如何使用它了吗?

【拓展阅读】

学会与大模型"交流"

想要发挥出大模型的作用，使用者必须学会如何与大模型"交流"。大模型虽然非常智能，但仍需要根据使用者的指令才能完成各种任务。这就要求在使用大模型时，首先要明确告诉大模型目的是什么，是写文章，还是画画，或制作演示文稿。在明确目的后，还需向大模型提供尽可能准确的关键词描述出条件、要求。例如，示例中的第一幅画，通过"薄涂炫酷、少女头像，田野、花朵盛开"等关键词的描述，使大模型明确了画中人物的风格、人物类型、环境、花朵元素、花朵状态，并以此创作出结果。还可以在此基础上进一步明确要求，如几个人、远景视角、季节、色调、人物表情、动作等，使大模型更加了解使用者的目的和意图。在结果生成后，还需根据结果对大模型"理解"不到位的关键词进行补充调整，从而达到理想的结果。

关于学习与大模型的思考：

"聪明"的大模型可以帮助人们写作业、写文章，但完全依靠大模型完成学习任务真的好吗？

已经有人提出，完全依靠大模型学习是一种不健康，甚至是不道德的学习方式。大模型只能短暂地帮助使用者完成一些任务或作业，但不能真正提高个人的学习能力和知识水平。在使用大模型的同时，不能忘记学习的目的，即掌握知识、学会自主思考。

思考题

如果学习全由大模型完成，那人的作用又在哪里？

第二节　网上学习充充电

一、活到老，学到老

当今社会知识空前繁荣，尤其是随着信息技术的发展，新的科技知识和信息量迅猛增加。据英国学者詹姆斯·马丁的研究表明，人类知识的倍增周期在 19 世纪为 50

年，20 世纪前半叶为 10 年左右，20 世纪 70 年代缩短为 5 年，20 世纪 80 年代末几乎到了每 3 年翻一番的程度。近年来，全世界每天发表的论文为 13000~14000 篇，每年登记的新专利达 70 万件。[1]《纽约时报》一周的信息量相当于 17 世纪学者毕生所能接触到的信息量的总和。近 30 年，人类生产的信息已超过过去 5000 年信息生产的总和。与此同时，人类的知识老化的速度也在加快。据统计，一个人所掌握的知识半衰期在 18 世纪为 80~90 年，19~20 世纪为 30 年，20 世纪缩短为 5~15

年，所以，人们已经进入了一个终身学习的社会。

对于每个人来说，在学习的同时，新的知识也在产生，知识体系在不断更新，知识总量在不断增长，即使完成包括大学在内的学校教育，也不能满足现实生活、工作的需要，仍然要继续学

---

〔1〕 参见朱永新：《课程改革的"减法"逻辑》，载 new.qq.com/rain/a/20230920A03Z8300，最后访问日期：2024 年 7 月 9 日。

习。但是工作以后，传统的学校学习方式已经不再适用于当前的发展需求，人们需要更灵活、更方便的学习方式，而网络远程教育就为我们提供了这样的好机会。

二、远程教育

顾名思义远程教育就是远距离教育，是指学生和教师、学生和教育机构之间通过互联网进行教学和通信联系，它突破了时空界限，有别于传统的需要在校园里安坐于教室内的教学模式，它是随着信息技术的发展而出现的一种新型的教学方式。

相对于传统的面授教育，远程教育有以下几个显著的特征。

(一) 资源利用最大化

远程教育通过网络跨越了空间距离的限制，使学校的教育可以超出校园向更广泛的地区辐射。不需要再建立校舍，只需建立一个网站平台，就可以把最优秀的教师、最好的教学成果通过网络传播到四面八方。

(二) 学习行为自主化

网络技术应用于远程教育，其显著特征是任何人、任何时间、任何地点、任何章节、任何课程。"五个任何"体现了学习的主动性，学生可自主选择学习的方式和内容，充分满足了终身学习的需要。

(三) 学习形式互动化

远程学习虽然缺乏学生与教师面对面的交流，但建立了教师与学生、学生与学生之间的互动环境。网络的发展创造了这种条件，通过电子邮件、论坛、小组讨论的方式进行交流，解决学习中的各种问题，还可以开阔视野，增进与社会的联系。

（四）教学形式个性化

远程教育平台通过数据库技术记录下学生的个性资料、学习过程和阶段情况，针对不同学员可提出个性化的学习建议。网络教育为个性化教学提供了现实有效的实现途径。

（五）教学管理自动化

远程教育的教学管理平台具有自动管理和远程互动处理功能，远程学生的咨询、报名、交费、选课、查询、学籍管理、作业与考试管理等，都可以通过网络远程交互的方式完成。

远程教育的这些优势使终身学习和终身教育成为可能。

三、网络教育平台

（一）国家智慧教育公共服务平台

你知道一个覆盖了全球 215 个国家和地区，注册用户超 1 亿，浏览量已超 373 亿，访客总量超 25.6 亿人次的教育平台吗？这就是国家智慧教育公共服务平台。它由我国教育部指导，是聚合了国家中小学智慧教育平台、国家职业教育智慧教育平台、国家高等教育智慧教育平台、国家 24365 大学生就业服务平台的智慧教育平台。平台涵盖基础教育、职业教育、高等教育的各个阶段，提供包括学生学习、教师教学、学校治理、赋能社会、教育创新等多方面的功能。在这里，甚至可以走进中国科学院院士的课堂，了解和学习顶尖的科技与知识。

（二）中国大学 MOOC

"好的大学，没有'围墙'"，当你打开 MOOC 时，这 8 个字首先会映入眼帘。MOOC 中有北京大学、浙江大学、复旦大学等 820 所高校的上千门课程，涵盖计算机、法学、医学、农学、心理学、海洋学等各类学科。不同的老师会以不同的授课风格展现各类知识的魅力，不要害怕自己基础不好，去挑选自己感兴趣的知识、喜欢的课堂风格，开始自己的知识之旅。

（三）哔哩哔哩网站

相较于国家智慧教育公共服务平台、中国大学 MOOC，哔哩哔哩网站凭借其丰富的内容和独特的社区氛围，为广大网友所喜爱，并亲切地称其为"哔哩哔哩大学"。这里不仅有丰富的课程资源和多样化的学习方式，弹幕文化和活跃的社区氛围会使人耳目一新。在观看视频时，可以实时发送弹幕评论，与其他观众进行互动交流。这种即时反馈的学习方式不仅增加了学习的趣味性，还能帮助学习者更好地理解课程内容。此外，哔哩哔哩网站的评论区也是一个宝库，许多网友会在这里分享自己的学习心得、笔记和资料，为其他学习者提供了极大的帮助。

四、平等教育成现实

远程教育不仅为所有人提供了终身学习的途径，还为所有人提供了均等的教育机会。把网络应用于教育中，与以往的教育相比更具开放性，任何人都可以通过网络获得优秀的资源，取消了性别、阶级、社会

地位、国籍等方面的差别，能够更好地、更平等地给学习者提供教育资源。

对我国来说，发展远程教育是非常有必要的。我国地域辽阔，人口众多，经济和文化发展不平衡，教育分布和学校分布不平均，每年都有大批的高考、中考落榜生，以及很多贫困地区的学生，他们入学无门，但又渴望上学，远程教育是改变他们学习环境的良好途径。

对于社会而言，远程教育意义远不止这两点。网络不仅使教育资源得到了共享和优化，促进了学习方式的转变，节约了社会资源，也促进了国内外信息文化的交流，增大了学习者接触各国信息和文化的机会，丰富了人们的精神生活。

【拓展阅读】

远程教育在中国的发展经历了三代：

函授教育

函授教育是以邮件传输的纸介质为通信方式，学生利用业余时间，以自学函授教材为主，由函授学校给予辅导和考核的教育方式。这一方式为我国培养了许多人才，但函授教育具有较大的局限性。

广播电视教育

广播电视教育，即通过广播电视、录音录像开展的教育，兴起于20世纪80年代。我国的这一教育方式和中央电视大学在世界上享有盛名。

远程教育

20世纪90年代，随着信息和网络技术的发展，产生了以信息和网络技术为基础的第三代现代远程教育。

思考题

1. 你有感兴趣的知识吗？
2. 如何利用网上的资源帮助自己掌握新的知识或技能？

第三节　电子屏里万卷书

这个重量不超过 500 克、厚度不超过 1 厘米的家伙竟然能装下整个图书馆！不可思议吧？有了它，喊了多年的"学习减负"彻底变成现实，孩子们再也不用背着沉重的书包去上学了，兜里揣上这个小巧的电子教科书即可轻松上阵，因为所有的课本内容校方在开学之初就已全部装到这个电子教科书中了。

那么，什么是电子书呢？与传统的纸质书相对，它是可以直接在电脑、手机、平板电脑、电子词典、手持设备等设备上阅读的电子文件，作为一种新形式的书籍，拥有了许多传统纸质书不具备的特点，如具备图像、文本、声音结合的优点，还可以进行文字搜索，存储空间小、信息量大、方便携带等，而且不再依赖纸张，绿色环保。

有了电子书，人们再也不用为外出旅行带哪几本书而犯难了，也不用担心在本地书店买不到最新出版的畅销书了，更不用为家里的书柜摆放不下辛辛苦苦淘来的经典名著而发愁。电子书就像一座移动的图书馆，互联网的普及使电子阅读日渐升温，随身携带一座"图书馆"成为可能，人们的阅读方式和习惯正在悄然改变。

电子书因为没有传统书籍的出版、印刷等费用，所以价格比较低廉，一般为纸质书籍价格的 20%～30%，人们可以在网上书店购买电子书，并下载阅读。除付费电子书外，互联网上也有很多免费的电子书供大家阅读。

【趣事杂谈】

问：世界上第一本电子书是什么内容？距离现在多久了？

答：1971 年，伊利诺伊大学的学生 Michael S. Hart 启动了古腾堡计划，由志愿者参与，致力于文化作品的数字化和归档，并鼓励创作和发行电子书。世界上第一本电子书就是美国的《独立宣言》。1971 年也是世界上第一封电子邮件诞生的时间。

电子书虽然兴起了余 40 年，但是真正得到迅速发展是在 2000 年，美国畅销书作家 Stephen King 发表了第一部电子书形式的小说《Riding the Bullet》，发行第一天就被下载了 40 万份，Stephen King 也获得了 45 万美元的收入。这个事件在互联网书籍销售史上创造了奇迹，也掀起了一股声势浩大的"电子书热潮"，电子书市场开始呈现生机勃勃的局面。

一、阅读方式任你选

经常听人抱怨，自从有了网络，现在的人越来越不爱看书了。此话只说对了一半，现在的人依然爱看书，只是看纸质书的少了，转而去看电子书的人越来越多。现在是全民上网的数字时代，新的阅读载体、数字化的阅读方式使全民爱上了电子书。

(一) 电脑阅读

电脑上阅读的电子书形式多种多样，比较受青睐的依然是纯文本格式的 TXT 文件，它最大的特点是阅读方便、制作精美，而且这种格式的电子书内嵌了阅读软件，无须安装专门的阅读器就可以阅读。

另一种比较常用的就是 PDF 格式的文档，这种格式制作的电子书具有纸质书的质感和阅读效果，不仅可以"逼真地"展示原书的面貌，而且显示大小可以任意调节，为读者提供了个性化的阅读方式。这些优点使读者很快便适应了电子阅读和网上阅读，有利于电子书在日常生活中的普及。

除上述两种格式外，还有 HTML、CAJ、CEB、PDG、WDL、CHM 等格式，都有相应的阅读软件进行打开。这些阅读软件一般支持"查找""书签""笔记"等扩展功能,这使读者可以更专注于内容本身,而不必考虑其他附带问题,如忘记资料等。

(二) 手机阅读

你会不会因时间琐碎而无暇读书?或者因需要花钱买书太奢侈,而放弃读书?有了手机阅读之后,这些都不是不读书的理由了。手机阅读能让你随时随地看书,而且花费相对较低,让你在不知不觉中读万卷书,慢慢成为饱学之士。

随着智能手机、无线网络、云技术的发展与普及,人们可以将电子书存储在云端随时随地进行阅读。手机阅读平台提供了丰富的阅读资源,图书、杂志、报纸、漫画等类型的读物,既可以在网上阅读,也可以下载到本地慢慢品味。而你所需做的是下载阅读 App 或打开阅读网站,然后去选一本你喜欢的书随时随地地阅读。

(三) 电子阅读器阅读

电子阅读器是一种浏览电子图书的数码小电器,它采用了"电子纸"技术,看起来更像普通纸张,阅读时可以像纸质书一样随意翻页,非常方便。这种电子阅读器具有重量轻、大容量、辐射小、耗电少、大屏幕、携带方便等优点。在使用时可以把电子书下载到阅读器里,电子阅读器因可以反复使用而被誉为"一张永远写不完的纸"。

电子阅读器可以阅读网上大部分格式的电子书,如 epub、mobi、PDF、TXT 等。目前,国内电子书主要有掌阅 iReader、BOOX 文石、汉王、科大讯飞、小米多看等品牌,国外主要有美国亚马逊公司的 Kindle 等。

电子书在悄然改变着人们的阅读习惯,尤其是 2000 年后出生的孩子,他们是伴随电脑、网络、手机成长的一代,这使他们更容易接纳电子阅读方式,而这一趋势也加速了传统媒体受众群体的代际断层。在可持续发展诉求的推动下,电子阅读或将逐步成为主流,而传统纸质书籍可能迎来历史性的角色转变。

二、探索电子图书馆的奇妙之旅

在信息化浪潮的推动下，电子图书馆应运而生，为我们提供了全新的知识获取方式。这里有着无尽的知识宝藏，静静地等待着每一位求知者的探索。现在就让我们一起踏上这场奇妙的探索之旅，揭开电子图书馆的神秘面纱。

想象一下，你不再需要穿梭于拥挤的书架之间，无需再为所借出图书的归还而苦苦等待。轻轻一点，全馆的藏书就分门别类地罗列在你眼前，简单一搜，检索的内容就会立刻出现在屏幕之上，同一本著作可以被成百上千的读者同时阅读，这就是电子图书馆的魅力所在。通过信息技术，海量的图书、期刊、论文等人类智慧的结晶被转化为二进制代码，变成无数的 0 和 1，并通过互联网传送给世界上任意一个访问者。庞大的规模和丰富的资源，会震撼到每一位初来者。电子图书馆不仅包含传统的藏书，还在不断更新最新的学术成果和研究成果。无论是经典名著、音乐画作，还是古籍特藏、热门小说，都能在这里找到它们的身影。

电子图书馆不仅是一个资源的宝库，更是一个个性化的学习交流平台。你可以根据自己的学习目标和兴趣爱好，定制专属的学习计划，也可以去寻找志同道合的朋友进行思想碰撞。通过设置提醒功能，能及时获取新书推荐和学术动态；通过参与在线课程和研讨会，能与全球的学者和专家交流心得，通过加入在线学习社区或论坛，能与来自世界各地的朋友一起分享资源、开拓视野。

电子图书馆是数字化时代的产物，它正以其独特的魅力和优势，逐渐改变着人们的学习和生活方式。在这个充满无限可能的知识世界里，快来共同探索未知、追求真理吧。

【拓展阅读】

探索电子图书馆的秘诀

想要充分挖掘电子图书馆这座宝藏，掌握一些使用技巧是必不可少的。首先，熟悉平台的界面布局和基本操作是关键。大多数电子图书馆都提供了用户友好的界面和详尽的帮助文档，能帮助你快速上手。其次，学会高效利用搜索功能也是关键。掌握关键词搜索、作者搜索、主题搜索等多种搜索方式，将帮助你更准确地找到所需资源。

三、信息时代的茧

你是否还记得成语"作茧自缚"？

在这个信息爆炸的时代，我们仿佛置身于一个巨大的海洋，每天被无数的信息浪潮冲刷着。然而，在这个看似自由的信息世界里，一个无形的"茧房"正在悄然形成，将我们紧紧束缚其中。随着大数据和人工智能技术的发展，许多平台开始根据用户的浏览历史、点击行为和兴趣爱好采用个性化推荐算法来推送相关内容。我们在网上看到的内容、获取的信息、学习的知识会越来越相似，长此以往，我们可能会在不知不觉中陷入"信息茧房"，被局限在自己的认知圈层里。

思考题

1. 你如何看待信息茧房的问题？

2. 你是否已经身处信息茧房之中？

3. 如何走出信息茧房？

4. "读万卷书，行万里路"是否能给你启发？

推荐书目

1.《人类简史》，[以色列] 尤瓦尔·赫拉利著，林俊宏译，中信出版社 2017 年版。

2.《深度学习》，[美] 伊恩·古德费洛、[加] 约书亚·本吉奥、[加] 亚伦·库维尔著，赵申剑等译，人民邮电出版社 2017 年版。

3.《如何高效学习》，[加] 斯科特·扬著，程冕译，机械工业出版社 2013 年版。

4.《信息素养》，王理，科学出版社 2010 年版。

5.《远程教育学》，丁兴富，北京师范大学出版社 2009 年版。

推荐电影

1.《美丽心灵》(2002 年)，[美] 朗·霍华德执导。

2.《放牛班的春天》(2004 年)，[法] 克里斯托夫·巴拉蒂执导。

第五篇

改变交流

在工业社会时代，如果给远方的朋友写一封信，当信件到达朋友手里时要用多长时间呢？3天、5天，甚至更长时间。但是在信息社会中，这一切都变了，我们真正实现了"海内存知己，天涯若比邻"。我们可以用电子邮件给好友写信，只需几秒即可到达；和地球另一端的朋友可以面对面一样地聊天，能够听到对方的声音，看到对方的样子，让我们倍感亲切；在网络上发布文字、图片、视频，记录自己的心路历程，还可以结交从不见面的朋友……

【阅读提示】

1. 了解电子邮件的演变与现状。
2. 理解邮件安全与隐私保护。
3. 了解即时通信工具对生活的影响。
4. 了解社交媒体平台的多样化与影响。
5. 了解移动支付与微信支付。
6. 了解微信小程序。

第一节　越过长城，走向世界

在历史的长河中，每一次通信方式的革新都深刻地改变了人类社会的发展轨迹。从古老的烽火台到快马传书，从电报的发明到电话的普及，每一次跨越都意味着距离的缩短和信息传递速度的飞跃。在信息爆炸的时代，电子邮件，这个被誉为"数字时代的信鸽"的通信工具，以一种前所未有的方式，越过象征着文化和地理界限的"长城"，将全世界紧密相连，共同书写着全球化的新篇章。

一、电子邮件的起源与发展

电子邮件的萌芽可以追溯到美国的阿帕网（ARPANET）。阿帕网是现代互联网的前身，最初由美国国防部高级研究计划署（Advanced Research Project Agency，ARPA）资助建立，用于军事研究目的。起初ARPANET只有4个结点，分布在洛杉矶的加利福尼亚州大学洛杉矶分校、加州大学圣巴巴拉分校、斯坦福大学、犹他大学4所大学的4台大型计算机上。当时，科学家面临的问题是，如何将信息从一台计算机发送到另一台计算机。1971年，雷·汤姆林森（Ray Tomlinson）对已有的传输程序进行了改造，使它能够在不同的电脑网络之间进行拷贝、存档、转发，

而不局限于在同一台电脑上。他用这套程序在阿帕网上成功发送了第一封跨网络的电子邮件，并且引入了"@"符号来区分用户名和邮件服务器名，这一标志性的发明为后来的电子邮件系统奠定了基础。

【趣事杂谈】

@与英文单词"at"的读音一样。

汤姆林森为人非常谦虚，当人们问他第一封邮件上所写的内容是什么时，他说他根本记不得了，因为当时他实验次数实在太多了。但在《吉尼斯世界纪录》上记下的汤姆林森的第一封邮件的内容是电脑键盘上的第三排字母，也就是QWERTYUIOP。历史上第一个邮件地址是tomlinson@ bbn. tenexa，也就是汤姆林森的邮件地址。

很多人问汤姆林森为什么在那么多的字符中看上了@，他说，为了将个人的名字和他所使用的主机分开，他必须设定一个标志，使得个人名字和主机分开，他说他一眼就看中了那个字符，因为它简洁。所以，汤姆林森说："它在键盘上那么显眼的位置，我一眼就看中了它，我甚至没有尝试其他的字符。"

随着阿帕网的扩大和更多计算机的接入，电子邮件逐渐从少数科研人员之间的通信工具，扩展到了学术界更广泛的使用中。20世纪80年代，随着个人计算机的普及和局域网技术的发展，电子邮件开始进入商业领域，成为办公通信的重要手段。此时期出现了多个邮件客户端软件，如Eudora和Microsoft Mail，以及基于文本界面的电子邮件系统，它们大大增强了电子邮件的实用性和易用性。

电子邮件的出现彻底改变了传统的通信方式。在过去，人们主要依赖纸质信件、电话和传真等方式进行沟通。这些方式不仅速度慢，而且成本高，还容易受到时间和空间的限制。电子邮件具有传统通信所不具备的特点，首先是速度快，能在短短几秒内跨越千山万水，抵达收件人的邮箱。其次是效率高，人们可以通过电子邮件同时向多人发送信息，极大地节省了时间和精力。再次是形式多样，除了文字，电子邮件还能附带图片、视频、文档等附件，使得信息交流更加丰富立体。最后是成本低廉，与传统邮件或电话相比，电子邮件几乎不产生额外费用，大大降低了通信成本。

二、全球化的推手

随着技术的不断成熟，电子邮件的功能日臻完善。从最初简单的文本信息传输，到后来支持多媒体附件、群发功能、垃圾邮件过滤等高级特性，电子邮件逐渐成为商务、教育、科研乃至日常生活中不可或缺的一部分。它不仅极大地加速了信息流动，更在一定程度上打破了语言和文化的壁垒，促进了全球化的进程。

在商业领域，时间就是金钱，效率便是生命。电子邮件使得商务沟通不再受限于地域和时间，合同、订单、会议记录等重要文件可以在瞬间发送与接收，大大提高了工作效率。企业之间的交易变得更加迅捷和透明，也因此提高了决策的速度。

在文化交流方面，不同文化背景的人们能够通过电子邮件进行思想交流，协同工作，促进了全球知识与资源的有效流动。从充满异国风情的旅游介绍，到跨国公司内部的多语种沟通，电子邮件让不同国家和地区的人民能够即时分享各自的文化特色和最新资讯。这种无界的交流方式，既保留了文化的多样性，又促进了文化的相互理解和融合，为全球文化的大繁荣奠定了坚实的基础。

【拓展阅读】

要想使用电子邮件，首先得有一个电子邮箱。电子邮箱可分为免费邮箱和付费邮箱，对于个人而言，免费邮箱一般就可以满足日常需求。目前很多大型的网站提供免费的电子邮箱服务，方便人们申请注册。接下来以"新浪电子邮箱"为例，简单介绍下电子邮件的申请和使用方法。

首先，打开新浪网站（https：//www.sina.com.cn/）首页，点击"邮箱"超级链接，会出现邮箱登录/注册页面。在该页面中，点击"注册免费邮箱"按钮，即可进入详细的注册信息页面。

在注册页面，按照系统提示的信息进行填写，填写完毕后，点击"提交"按钮即可完成邮箱的注册过程。需要注意的是，邮箱名称一般在4~16位，一般用英文小写、数字、下划线，而且不能与新浪邮箱的其他用户邮箱名称相同；邮箱密码一般为6~16位，为了安全起见，密码最好采用字母、数字、特殊符号的混合体。

接下来就可以使用邮箱来收发电子邮件了。现在的电子邮箱中除提供写信、收信、通信录等基础服务外，还提供了邮件分类与搜索、日历、定时发送、邮件订阅、自动回复、明信片、贺卡等功能，满足个性化的需求。

三、电子邮件的安全与隐私

由于互联网的开放性和计算机软件漏洞的存在，电子邮件在给人们带来便利、快捷的同时，也面临着诸多挑战。信息安全问题是其中最为人们所关注的。垃圾邮件、网络钓鱼、黑客攻击等威胁时刻考验着电子邮件系统的安全性。隐私保护也是一个不容忽视的问题，如何在保证通信自由的同时，保护用户个人信息不被滥用，是电子邮件服务商和技术开发者必须面对的难题。

垃圾邮件还没有一个非常严格的定义。一般来说，凡是未经用户许可就强行发送到用户的邮箱中的任何电子邮件都是垃圾邮件。几乎每个互联网用户都会收到垃圾邮件，这些邮件的内容多种多样，包括赚钱信息、成人广告、商业或个人网站广告等。尽管有些垃圾邮件可能对收件人影响不大，但也存在大量具有欺骗性和破坏性的恶性垃圾邮件，如垃圾邮件炸弹或附带有病毒的邮件。

网络钓鱼是一种常见的网络诈骗手段，其基本原理是利用伪造的网站或电子邮件诱导用户透露个人信息，如银行账号、密码、身份证号码、社会保障号码等敏感数据。攻击者通常会以银行、社交媒体平台或其他政府机构的名义发送邮件或消息，以获取用户的信任。一旦用户被诱导提供了个人信息，攻击者就可以利用这些信息来窃取用户的身份、资金或其他敏感信息，从而给用户带来严重的经济损失和个人隐私泄漏风险。

【拓展阅读】

2023 年 11 月，国内某企业发生了一起网络安全事件，该企业的 HR 部门接到一封看似来自内部系统的邮件，称其邮箱密码即将过期，需要立即修改。随后她按照邮件中的步骤进行了密码更改，却导致了邮箱被盗。诈骗者利用 HR 的身份向全公司员工发送邮件，假借退还补贴的名义，要求员工点击邮件中附带链接。导致一部分员工被诈骗，给整个企业带来了巨大的损失。[1]

2022 年 5 月 25 日下午，搜狐官方微博发表声明称，5 月 18 日凌晨，搜狐部分员工邮箱收到诈骗邮件。起因是一名员工使用邮件时被意外钓鱼导致密码泄露，进而被恶意盗用邮箱冒充财务部发送邮件。造成 24 名员工被骗，共计损失 4 万余元人民币。[2]

那么，面对无处不在的垃圾邮件和各种潜藏的风险，应该如何应对呢？我们不妨从以下 4 个方面做起：

（1）强化邮箱账号安全：使用复杂度高的密码且定期修改密码，密码应包含大小写字母、数字、特殊符号至少 3 种组合，密码长度不少于 8 位。启用邮箱的安全功能，如两步验证、登录通知等，为账户添加

---

〔1〕《盘点 | 2023 年针对国内的电子邮件安全事件》，载 https：//www.sohu.com/a/746852969_480379，最后访问日期：2023 年 8 月 4 日。
〔2〕《知名互联网公司全体员工遭遇工资诈骗？回应来了》，载 https：//m.thepaper.cn/baijiahao_18260568，最后访问日期：2023 年 8 月 4 日。

一层额外的保护。

（2）使用垃圾邮件过滤器：大多数电子邮件服务提供商都提供垃圾邮件过滤器功能，可以自动将疑似垃圾邮件移动到单独的文件夹中，以便用户稍后查看或删除。

（3）避免公开电子邮件地址：尽量不在公共论坛、社交媒体或其他网站上公开自己的电子邮件地址，减少被垃圾邮件发送者获取的可能性。

（4）不要随意点击邮件中的链接或下载附件：垃圾邮件中可能包含恶意软件链接或附件，点击或下载这些文件可能会导致计算机感染病毒或遭受其他安全威胁。

四、电子邮件的未来

随着网络沟通工具的普及，各种即时通信工具及移动设备如同雨后春笋般涌现，电子邮件在普通人的视野里渐行渐远。国外一项调查表明，电子邮件已经逐渐失去了它的魅力，上百万青少年已经不再把它作为主要的交流工具。为了交流更快速，他们开始转向使用即时通信软件和社交网站，这种方式可以及时向所有的朋友发布信息，节省了发送邮件和书写文本的时间。于是，电子邮件即将消亡的声音甚嚣尘上。然而，真的是这样吗？确实，在私人通信方面电子邮件正逐渐失去其作为主要通信渠道的地位，但它仍然是商业通信的核心工具。根据相关数据，全球每天大约有千亿封电子邮件被发送，预计到 2025 年，这一数字仍将增加。从这个角度来看，电子邮件离消亡尚早，并且仍有较大的发展空间。

思考题

对于电子邮件的未来，你有什么样的想法，它会彻底消失吗？

第二节　随时随地，连接你我

"能加个微信吗?"

"好啊,我扫你还是你扫我?"

两个刚刚认识的人在临别之际互相
索要对方的微信号,这样的场景在当下
的社会随时随地在上演。微信是目前较
流行的网上即时通信软件之一,它正逐
渐代替电话号码,成为人们首选的联系
方式。

即时通信是一种通过互联网进行的实时文字、语音、视频交流方
式。人们可以通过即时通信软件随时随地与联系人进行沟通交流。即时
通信的出现,给传统电信行业带来了不小的冲击。即时通信以电脑、手
机为载体,通过网络就可以和朋友进行文字、语音甚至视频聊天,不仅
方便快捷,而且还能免费使用。这种在线聊天方式可以节省昂贵的电话
费用,使即时通信获得了越来越多的用户群,它正在逐步取代传统电
话,成为主流的通信方式。

目前,国内主流的即时通信软件有QQ、微信、钉钉,本节将逐一
进行介绍。

【拓展阅读】

1996年夏天,以色列的3个年轻人——维斯格、瓦迪和高德芬格
聚在一起决定开发一种软件,充分利用互联网即时交流的特点,来实现
人与人之间快速直接的交流,由此产生了ICQ（I Seek You 的谐音,意
为"我在找你"）的设计思想。当时是为了他们彼此之间能及时在网

上进行联系以及交流，可以说近乎个人专属的"玩具"，3 人成立了一家名为 Mirabilis 的小公司，向所有注册用户提供 ICQ 服务。

1998 年，ICQ 注册用户达到 1200 万，并被 AOL 公司看中，以 2.87 亿美元的天价买走。

ICQ 是即时通信软件的鼻祖，它的出现第一次实现了让信息漂洋过海，让世界近在咫尺，它改变了一代人沟通和交流的方式。在 ICQ 之后，出现了五六十款模仿者，其中就包括鼎鼎大名的腾讯 QQ。

一、QQ——轻松做自己

在国内互联网发展早期，MSN、腾讯 QQ、网易泡泡、新浪 UC 等即时通信软件百花齐放，各有千秋。但最终只有腾讯 QQ 在激烈的市场竞争中脱颖而出，其他的要么销声匿迹，要么难以发展壮大，无法与腾讯 QQ 抗衡。QQ 小企鹅形象深入人心，在即时通信市场上占据领先地位。

腾讯 QQ 是深圳腾讯公司开发的一款基于互联网的即时通信软件。腾讯 QQ 支持在线聊天、音视频通话、文件传输、文件共享、网络硬盘、自定义面板、QQ 邮箱等多种功能。任何人都可以使用 QQ 方便、快捷、高效地和朋友联系，而这一切完全是免费的。

腾讯 QQ 由 1999 年的两个人（马化腾和张志东）到现在发展为几亿用户，2009 年末，QQ 注册用户突破 10 亿，是目前使用最广泛的聊天软件之一。

腾讯 QQ 使用非常简单，前提是你必须拥有一个 QQ 号码，如果你现在还没有 QQ 号，那赶紧去腾讯 QQ 的官方网站（https：//im. qq. com/index/）申请一个吧！

申请 QQ 号码时，只需按照网页上面的提示输入昵称、密码、手机号码等信息，确认服务条款，然后点击"立即注册"按钮即可轻松完成注册过程，此时你已成功拥有了一个 QQ 号码了。此时，再安装好腾讯 QQ 客户端软件，就能随时随地畅快地和好友聊天了。

（一）QQ 登录

在 QQ 的登录窗口输入你的 QQ 号码和密码即可成功登录。如果感觉每次输入密码太麻烦，你可以选中"记住密码"选项，这样以后每次登录 QQ 时都不用输入了，更方便快捷。需要注意的是，一定要在安全的环境中使用 QQ，比如自己的电脑等。

（二）QQ 添加好友

首次登录后，第一步要做的就是赶紧把你的好朋友添加到好友列表中，你还可以对这些好友进行分组，以方便你的查找。添加好友时只需点击 QQ 界面底部的"查找"按钮，在弹出的对话框中输入好友的 QQ 号，然后发送你的申请信息即可。之后，等待好友确认吧。

（三）QQ 在线聊天

凡是在线的好友头像都是彩色的，赶紧和他们打个招呼吧！即使好友不在线（头像是灰色的），你也可以给他留言，等他下一次登录 QQ 时就能看到你的留言了。如果你想和好友语音聊天，只需点击对话框顶部的"话筒"图标就可以呼叫他了；视频聊天是类似的，只需点击"摄像头"图标就可以和好友连线。

（四）QQ 群

QQ 群是腾讯公司推出的多人聊天交流服务，可以邀请朋友或者有共同爱好的人到一个群里面聊天，目前 QQ 群可分为 3 类：普通群（最多 100 人）、高级群（最多 200 人）和超级群（最多 500 人）。在群内除聊天外，QQ 还提供了群空间，群内成员可以使用群论坛、相册、文件共享等多种方式进行交流。QQ 群的理念是"群聚精彩，共享盛世"。

（五）QQ 空间

QQ 空间是 QQ 提供的一个非常强大的功能，自问世以来，受到了众多人的喜爱。它是一个个性化空间，既可以在 QQ 空间里写日记、上传自己的照片、写说说、听音乐、给好友留言，也可以玩游戏等，即可以通过多种方式展现自己。除此之外，我们还可以对自己的 QQ 空间进行装扮，根据自己的喜好设定空间颜色、皮肤、小挂件等，使其具有自己的特色。

除此之外，QQ 还具有 QQ 宠物、QQ 词典、QQ 影像、QQ 邮箱等功能。我们相信，腾讯公司可以凭借雄厚的技术力量和资金优势，不断持续创新，增强产品功能，为广大 QQ 用户提供更优质的服务。

【趣事杂谈】

1998 年 11 月 12 日，马化腾和他大学时的同班同学张志东正式注册成立"深圳市腾讯计算机系统有限公司"（简称腾讯）。在公司成立当初，主要业务是为寻呼台建立网上寻呼系统，这种针对企业或单位的软件开发工程可以说几乎是所有中小型网络服务公司的最佳选择。

1997 年，马化腾接触到了 ICQ 并成为它的用户，他亲身感受到了 ICQ 的魅力，同时看到了它的局限性：一是英文界面，二是在使用上有相当高的难度，这使得 ICQ 无法普及，用户大多限于"网虫"这样的高手。

马化腾和他的伙伴最初的设想是开发一个中文 ICQ 的软件，然后把它卖给有实力的企业，从未想过由自己来经营需要投入巨大资金而挣不了钱的中文 ICQ。后来腾讯决定自主研发 OICQ，是因为得知一家大企业想大规模投资中文 ICQ 领域。腾讯不仅撰写了项目建设书并且还启动了 OICQ 的开发设计工作。然而在竞标时，腾讯未能中标。要知道，当时腾讯给 OICQ 标的价格仅为 30 多万元。随着腾讯的迅速发展，马化腾适时地提出:"我们需要自己的中文网络软件,我们需要自己的ICQ!"事实上,腾讯推出OICQ纯属一个偶然,如果那家大企业没打算投入资金到中文ICQ领域,也就不会有OICQ;如果腾讯中了标,也就不会有腾讯的OICQ。从某种程度上说,腾讯的成功一半是运气,一半是实力。

OICQ模仿ICQ在它前加了一个字母O,意为Opening I Seek You,意思是"开放的ICQ",但是ICQ控诉称OICQ侵权,于是腾讯就把OICQ改名为QQ,也就是现在所使用的QQ,除了名字,腾讯QQ的标志没有改,一直是小企鹅。小企鹅标志不仅造型可爱,而且"cute"与字母"Q"发音相似,因此小企鹅与"QQ"这个名称形成了完美的搭配。

二、微信——一个生活方式

随着智能手机的普及和移动互联网的崛起,人们开始寻求更便捷的移动社交体验,微信(WeChat)在这个时候应运而生。微信是腾讯公司于2011年1月21日推出的一个为智能手机终端提供即时通信服务的免费应用程序,由张小龙带领腾讯广州研发中心产品团队打造。

2021年1月19日,在微信即将迎来10周年之际,张小龙在微信公开课PRO上分享了这样一组数据:每天有10.9亿用户打开微信,3.3亿用户进行了视频通话;有7.8亿用户进入朋友圈,1.2亿用户发表朋友圈,其中照片6.7亿张,短视频1亿条;有3.6亿用户读公众号文章,4亿用户使用小程序。[1]正如它宣传的那样,微信成为了一种生活方式。

(一) 朋友圈

微信朋友圈允许用户发布照片、视频、文本、链接等,并可以与微

---

〔1〕《微信十年:它的第一次你还记得吗?》,载 https://new.qq.com/rain/a/TEC2021012000575514,最后访问日期:2023年7月24日。

信好友分享这些内容。这些发布的内容仅对微信好友可见（除非选择公开），形成一个私密的、面向特定人群的分享平台。

通过朋友圈，微信用户可以展示自己的生活状态、情感分享、新闻观点等，也可以浏览、点赞和评论好友发布的内容。这一功能不仅有助于加深与好友的了解和联系，也有助于建立更紧密的社交关系。

此外，朋友圈还提供了多种隐私设置选项，用户可以选择谁能够查看自己的朋友圈，可以设置允许查看朋友圈的时间范围，还可以在发布朋友圈时选择是否加入所在的地理位置等，从而保护用户的隐私和安全。

总之，微信的朋友圈可以帮我们记录下生活中的点点滴滴，留下美好的回忆。当我们回首往事时，朋友圈就像一个时光机，带我们回到那些曾经的美好时光。这些记录不仅让我们倍感温馨，也成为我们人生旅途中宝贵的财富。

（二）微信公众号

微信公众号是一个集信息获取、交流互动、生活服务、知识学习、品牌了解和情感共鸣于一体的多功能平台。

如果你比较关心新闻时事，通过关注新闻类公众号（如新华社、《人民日报》等），可以第一时间了解国内外的最新发展，这些公众号通常提供全面且及时的报道和深入的评论分析。

如果你想要学习专业知识，各行各业的专业人士和机构会通过公众号分享行业动态和专业见解，帮助深入了解特定领域的知识和趋势。

还有一些公众号为我们的日常生活提供便利服务，例如，北京114预约挂号平台提供270余家医院的预约挂号服务，覆盖全市重点三级医院，并提供检验报告、检查报告查询功能。

（三）微信支付

从前，出门在外不带现金几乎寸步难行。如今，出门可以不带钱，但不带手机是万万不行的。随着移动支付的普及和电子钱包的流行，人们可以随时随地通过手机进行支付，无须再携带大量现金。微信支付作为当前主流的移动支付平台之一，无论是在超市购买日常用品，还是在餐厅用餐，只需使用手机扫描二维码输入金额并确定支付即可完成支付，省去了排队取款的时间和找零的麻烦。

同时，微信支付还支持充值、转账、缴费等功能，人们可以通过手机轻松完成水电费缴纳、话费充值等操作，无须再亲自前往银行或营业厅。

此外，微信支付还具备社交属性，用户可以在微信聊天中直接向朋友发送和接收红包，或者在群聊中分摊费用，这使金钱交易变得更加简单和有趣。

总之，微信支付已经渗透到了人们的吃、穿、住、行等日常生活的各个方面，彻底改变了人们的支付习惯，推动了社会的数字化转型。

(四) 微信小程序

微信小程序，简称小程序，是一种无须下载安装即可使用的应用。用户无须安装多个 App，只需在微信内搜索相关小程序即可快速获得服务，极大地节省了手机存储空间和使用时间。无论是支付、购物、预约服务还是娱乐游戏，小程序都能提供一站式解决方案。

三、钉钉——让进步发生

与 QQ、微信主要定位于个人生活社交工具，用于个人日常沟通和社交不同，钉钉是阿里巴巴出品的一款面向企业用户的团队协作工具，主要用于企业内部管理和沟通。

钉钉具有即时通信、群组讨论、文件共享、日程安排等功能，支持多人协作，打破了时间和空间的限制，极大地提高了工作效率。员工可以随时随地进行沟通交流，快速实现信息传递、会议安排、任务分配等工作。

此外，钉钉还提供了智能考勤管理、智能审批等功能，能够满足企业多样化的管理需求。通过智能考勤管理，企业可以实时掌握员工的考勤情况，提高考勤的准确性和可信度。同时，智能审批功能能够简化审批流程，降低企业的行政成本。

钉钉作为一个多功能的企业服务平台，不仅提供了基础的通信服务，还整合了办公自动化、云计算和人工智能等多项技术，极大地推动了企业的信息化进程，提升了企业运营效率和员工工作效能。对于希望提升工作效率、优化管理流程的个人和组织来说，钉钉无疑是一个值得选择的工具。

【趣事杂谈】

钉钉作为阿里巴巴旗下的一款办公软件，因在新冠疫情期间被广泛用于远程办公和在线教育而用户量激增。然而，这也带来了副作用，很多小学生把不愿意上学的怒气撒在了钉钉身上，对软件进行了一星评价。在大量一星评价的冲击下，钉钉的评分从 1.3 分急剧下降到 0 分，面临被强制下架的风险。面对这种情况，钉钉制作了《钉钉本钉，在线求饶》的视频，并于 2020 年 2 月 16 日上传至哔哩哔哩网站。视频中钉钉以搞笑、卖萌的方式向用户求情，希望能够得到更公正的评价。通过发布幽默自嘲的曲目，钉钉成功吸引了用户的关注并引发了一定的讨论。虽然这一行为不能完全消除用户的不满情绪，但它确实为钉钉赢得了一些理解和支持，使其评分有所回升。

即时通信确实为人们带来了前所未有的便捷性，使人们的日常交流变得轻松自如。然而，有时候，这个小巧的通信工具也像一个淘气的小捣蛋鬼，总是悄悄地在不经意间闯进我们的生活，对我们的日常节奏造成微妙的影响。尽管如此，我们也不需要过于担忧，只要善于调整自己，便能与它和谐共处，让它继续为我们的生活带来便利和欢乐。

首先，这些通信工具会不知不觉地占用我们大量的时间。想象一下，当你正在沉浸书籍的海洋中或者全神贯注于一项工作任务时，一声清脆的"叮咚"突然响起，新的消息提示犹如一颗小石子，投入了你原本平静的心湖，于是你不得不暂时放下手中的事情去查看。这种频繁的打扰无疑会打断我们的思绪，影响我们的专注力。

其次，即时通信工具也给我们带来了一定的社交压力。我们可能会认为，如果不及时回复别人的消息，就会显得不礼貌或者冷漠。这种压力让我们时常处于紧绷状态，担心错过任何一条重要的信息，也让我们在休息时间难以真正放松。

再次，我们每天都会接收海量的信息，这些信息中既有对我们有用的，也有许多无关紧要的。如果不加以筛选和过滤，我们很容易陷入信息过载的困境，难以分辨哪些信息值得我们关注，哪些信息可以置之不理。

最后，我们需要警惕隐私泄露的风险。在使用即时通信工具时，我们的个人信息和聊天记录可能会被不法分子窃取或滥用，这可能给我们带来不必要的麻烦和损失。

因此，为了不被即时通信工具"绑架"，我们需要学会合理控制它的使用。比如，我们可以设定特定的使用时间，避免在重要工作或学习时间内被打扰；我们可以只关注那些真正重要的人或群组，减少无效信息的干扰；我们可以学会适当地拒绝一些不必要的社交压力，给自己一些缓冲的时间；同时，我们也需要加强隐私保护意识，确保自己的个人信息和聊天记录不被泄露。

思考题

你是怎样看待非工作时间回复工作信息的？

第三节 想说就说，想写就写

互联网社区是一个由共同兴趣或目标的网民构成的在线交流平台，在这里，人们可以自由分享信息、观点和经验。它不仅促进了信息的快速传播，还提供了一个讨论和解决问题的环境，有助于知识的传播和技能的提升。

一、微博——随时随地发现新鲜事

微博被称为"中国的 X（推特）"，主打短平快的信息分享和实时互动功能。用户可以通过文字、图片、视频等多种形式快速传播信息。它的即时性和便捷性使其在新闻报道、突发事件响应等方面尤为重要。同时，微博也是明星与粉丝互动的重要场所，拥有大量的娱乐和流行文化内容。

微博以"微"为特色，即内容短小精悍。用户发布的微博内容通常限制在 140 字以内，这种简洁的形式使得信息能够迅速传播，并且便于用户快速浏览和分享。传统的博客需要考虑文题、组织语言修辞来叙述，而微博不需要考虑那么多，无论是用电脑还是手机，只需三言两语，就可以记录下自己某刻的心情、某一瞬间的感悟，或者某条可供分享和收藏的信息等，这样的即时表述显然更加迎合人们快节奏的生活。

二、知乎——有问题，就会有答案

知乎是一个以问答形式存在的知识共享社区。用户可以在平台上提出问题、回答问题、分享知识和分享经验。知乎致力于构建一个高质量、高价值的知识分享平台，通过用户之间的互动和交流，促进知识的传播和积累。

知乎于 2011 年 1 月正式上线，最初采用邀请制注册方式，用户群体以大学生、研究生和教授为主。随着平台的不断发展，知乎逐渐降低了准入门槛，吸引了更多用户的加入。目前，知乎已经成为一个综合性内容平台，提供问答社区、会员服务体系"盐选会员"、机构号、热榜等一系列产品和服务。

知乎的内容以高质量、高价值为特点，涵盖科技、商业、影视、时尚、文化等领域。知乎上有很多专业人士和领域内的专家分享他们的见解和经验，使得知乎成为一个高质量的知识库。此外，知乎还鼓励用户进行深入的讨论和交流，形成了共同创作的氛围。

三、小红书——你的生活指南

小红书由毛文超和瞿芳于 2013 年在上海创立，最初是一个海外购物分享社区。毛文超认为，随着居民生活水平的提高，出国旅行的人越来越多，海外购物也变得越来越频繁。但是很多消费者对海外购物并不是很了解，不知道在什么地方购买更划算，更不了解如何退税。于是，小红书发布了一份 PDF 文档《小红书出境购物攻略》，在不到一个月的时间里，这份文档的下载量超过 50 万次。这更加坚定了小红书做购物分享社区的信心。

2014 年 1 月，小红书更名为"小红书购物笔记"，并开始鼓励用户发布自己的购物笔记、美食日记、旅行攻略等内容，与其他用户分享自己的经验和心得。同年 12 月，小红书上线"福利社"板块，开始涉足电商领域，为用户提供丰富的商品信息和购物推荐，帮助用户更好地了解和选择适合自己的产品。

时至今日，小红书逐步从一个针对海外购物的垂直社区发展成为综合性的生活方式平台，它鼓励人们分享自己的真实生活和感受，帮助人们更好地发现和享受生活的美好。无论是购物、美食、旅行还是其他话题，小红书都能提供一个广阔的舞台，让每个人都能自由表达观点和想法。

思考题

各种社交软件占据了我们日常生活的大部分时间，"低头族"越来越多，你怎么看待这一现象？

第四节　我型我秀，展示自我

　　短视频平台作为一种新兴的社交平台，近年来在全球范围内迅速崛起。它以独特的魅力和强大的传播力，吸引了亿万用户的关注和参与。

　　短视频通常指时长较短的视频内容，一般不超过几分钟，甚至只有几十秒。这种形式的内容在移动互联网时代得到了广泛应用，因为它能够快速吸引用户的注意力，并且易于分享和传播。

　　短视频的特点在于其精练、直观和富有创意。它通过图像、声音和文字的结合，以简洁明了的方式传达信息，使观众在短时间内获得丰富的视觉体验和情感共鸣。同时，短视频还具有高度的互动性，用户可以通过点赞、评论和分享等方式参与到视频的传播过程中，形成强大的社交效应。

　　短视频的内容涵盖各个领域，包括娱乐、教育、科技、美食、旅游等。无论是搞笑短片、教学视频还是产品介绍，都可以通过短视频的形式进行呈现。这种多样性使得短视频成为一个包容性的平台，满足了不同用户的需求和兴趣。

　　短视频还催生了许多网络红人（以下简称网红）和创作者，他们通过制作有趣、有创意的短视频内容，吸引了大量的粉丝和关注。这些创作者不仅获得了经济上的收益，还成为影响社会文化的重要力量。他们的创作风格和价值观也在一定程度上塑造了短视频平台的风貌和趋势。

　　说了这么多关于短视频的知识，那让我们来看看国内主流的短视频平台抖音和快手吧。

一、抖音——记录美好生活

　　抖音，一款由字节跳动公司开发的短视频分享平台，自2016年上线以来，便迅速走红全球。它通过简单易用的界面、丰富的功能和多元化的内容，为用户提供了一个展示自我、发现新鲜事物的平台。如今，抖音已成为全球最受欢迎的短视频应用之一，拥有数亿活跃用户。那么抖音是如何做到这些的呢？

（一）视频拍摄与编辑

抖音提供了强大的视频拍摄与编辑功能，用户可以通过手机轻松拍摄出高质量的短视频。同时，抖音还提供了丰富的滤镜、特效、动态贴纸和音乐配乐等编辑选项，让用户能够轻松打造出独具特色的视频作品。

（二）个性化推荐

抖音通过智能算法，根据用户的观看历史和兴趣偏好，为用户推荐个性化的短视频内容。这使得用户能够更快速地找到自己喜欢的视频，提高了用户的黏性和活跃度。

（三）互动与社交

抖音不仅是一个观看视频的平台，还是一个社交互动的场所。用户可以在视频下方进行点赞、评论、分享等操作，与其他用户进行互动。同时，抖音还支持关注其他用户，建立自己的社交圈子，分享生活中的点滴。

（四）明星与网红效应

抖音成为众多明星和网红展示自我、与粉丝互动的重要平台。许多明星和网红通过抖音发布自己的视频，与粉丝分享生活、工作等方面的内容，吸引了大量粉丝的关注和喜爱。

（五）内容多样性

抖音上的内容涵盖各个领域，从搞笑、舞蹈、美食、旅游到时尚、科技、教育等，应有尽有。这使得用户能够根据自己的兴趣和喜好，选择自己喜欢的内容进行观看和互动。同时，抖音也鼓励用户创作具有独特性和创新性的内容，为平台注入了源源不断的活力。

抖音作为一款短视频平台，不仅为用户提供了娱乐和社交的场所，还对社会产生了深远的影响。首先，抖音为许多普通人提供了展示自我、实现梦想的机会。许多草根明星和网红通过抖音走红，成为社会关注的焦点。其次，抖音为商家和品牌提供了新的营销渠道。许多商家通过抖音发布广告、推广产品，实现了与消费者的有效互动和沟通。最后，抖音促进了文化的传播和交流。许多传统文化和民间艺术通过抖音得到了传承和发扬，使更多人了解和喜爱这些文化瑰宝。

总之，抖音作为一款短视频分享平台，凭借其独特的功能特点和丰富多样的内容，吸引了无数用户的关注和喜爱。它不仅为用户提供了一个展示自我、发现新鲜事物的平台，也为社会带来了积极的影响。在未来，抖音将继续发挥优势，不断创新和完善功能，为用户带来更好的体验和服务。

二、快手——拥抱每一种生活

作为一个短视频平台，快手的核心功能与抖音类似，但在用户群体、内容风格及产品定位上存在显著差异。快手的用户群体主要分布在三四线城市及农村地区，而抖音更多地集中在一二线城市。在内容风格上，快手更加注重真实生活的记录，视频多展示日常生活和草根文化，而抖音则更倾向于时尚、音乐和舞蹈等元素。

快手的用户性别比较均衡，男女用户比例协调，年龄主要集中在25~34岁，这种用户构成使得快手在内容和功能设计上更加贴近这部分人群的生活实际和观看喜好。

快手起初是一款GIF动图制作工具，随后转型为短视频社区，致力于记录和分享大众的生活。快手特别注重"普惠"理念，旨在通过技术，尤其是 AI 技术，让更多人得到关注，提升每个人的幸福感。

快手的内容多样性和创新性较高，覆盖生活日常，专业技能等多种主题，鼓励用户分享真实的自己。同时，快手的社交功能也较为丰富，支持用户间通过评论、私信等方式互动，形成活跃的社区氛围。

快手在商业模式和市场影响力方面同样表现突出。它不仅提供售卖广告资源和虚拟商品销售等盈利方式，还涉足直播和电商领域，形成了多元化的营收结构。

总之，快手作为一个重要的短视频平台，以独特的用户群体、内容风格和产品定位，在互联网媒体生态中占有一席之地。它不仅是一个短视频分享平台，还是一个记录真实、促进交流、充满创新的社区。

【拓展阅读】

TikTok 作为字节跳动集团在 2016 年推出的短视频平台，最初以"抖音"之名在中国市场崭露头角，随后于 2017 年下半年更名为 TikTok，并启动其国际化拓展战略。2018 年，TikTok 在全球范围内累积了高达 6.63 亿次的下载量，月活跃用户数量亦达到 5500 万，并在多个国家和地区荣登 App Store 或 Google Play 的榜首，这显著彰显了 TikTok 在短暂时间内取得的巨大成功，及其广泛的国际影响力。

然而，2020 年，美国政府以"国家安全受威胁"为由，对 TikTok 实施了一系列打压措施，要求字节跳动剥离其在美国的业务。面对这一挑战，字节跳动并未退缩，而是积极寻求解决方案，以维护 TikTok 在全球市场的合法运营。他们与多家美国企业进行了深入的谈判，寻求合作伙伴，以确保 TikTok 在美国市场的持续稳定运营。

同时，TikTok 在全球范围内加强了对数据安全和隐私保护的投入。公司投入了大量资源，建立了严格的数据保护机制，以确保用户数据的安全性和隐私性。这些措施不仅增强了用户对 TikTok 的信任，也为其在全球市场的进一步发展奠定了坚实的基础。

除了加强数据安全和隐私保护，TikTok 还不断推出创新的功能和内容，以满足不同用户的多样化需求。他们积极与创作者和品牌合作，策划了各种有趣的挑战和活动，吸引了大量用户的积极参与。这些活动不仅提升了用户的黏性和活跃度，也进一步提升了 TikTok 的品牌影响力。

TikTok 的广泛流行不仅带动了其背后的中国科技巨头的崛起，更为全球用户带来了前所未有的数字化体验。TikTok 不仅是一个短视频分享平台，更是一个融合了创新技术、丰富内容和全球化视野的综合体。中国科技企业通过 TikTok 等平台，不断地将最新的科技成果推向市场，为全球用户提供了更加便捷、高效和智能的服务。从人工智能算法的优化到大数据技术的应用，再到云计算能力的不断提升，中国科技企业不断刷新技术边界，推动全球数字经济的快速发展。

同时，TikTok 等平台也为中国科技企业提供了宝贵的国际化经验。在全球化竞争中，中国科技企业不仅学会了与国际品牌同台竞技，还学会了如何深入了解不同国家和地区的用户需求和文化差异，提供更加精准、个性化的服务。这种国际化经验对中国科技产业的长期发展具有重要意义。

TikTok 等平台的成功不仅体现了中国科技的全球影响力，也为中国科技产业的国际化发展提供了有力的支持。展望未来，随着技术的不断进步和全球化的深入发展，中国科技企业将继续在全球舞台上发挥重要作用，为人类社会的进步和发展贡献更多力量。

思考题

短视频以短小精悍、快速切换的特点为我们带来了即时满足和快速刺激，但也让我们的注意力变得难以集中，你认为应该如何平衡这种关系？

推荐书目

1. 《社交媒体简史》，［英］汤姆·斯丹迪奇著，林华译，中信出版社 2019 年版。

2.《沟通的力量》，［美］赫里奥·弗雷德·加西亚著，王国平译，电子工业出版社 2014 年版。

3.《数字化生存》，［美］尼古拉·尼葛洛庞帝著，胡泳等译，电子工业出版社 2017 年版。

4.《沟通的艺术》，［美］拉塞尔·F·普罗克特、罗纳德·B·阿德勒著，黄素非译，世界图书出版公司 2017 年版。

5.《网络社会的崛起》，［美］曼纽尔·卡斯特著，夏铸九、王志弘译，社会科学文献出版社 2000 年版。

推荐电影

1.《电子情书》（1998 年），［美］诺拉·艾芙隆执导。

2.《监视资本主义：智能陷阱》（2020 年），［美］杰夫·奥洛威斯基执导。

第六篇

美好未来

科技魔法般改变了我们的生活。它像一双看不见的手，悄悄地推动着世界的进步。智能手机已成为我们随身的"百事通"，无论是查找信息、支付账单，还是社交联络，都只需轻轻一触。智能家居让生活更显便捷，灯光、温度乃至家电都可以用手机远程操控。出行也变得更加智能，无人驾驶技术和智能导航系统让旅途更加安全高效。科技，就像一位贴心的助手，时刻为生活提供便利，让日常生活变得更加美好和轻松。然而，这种变革也引发了很多相关的思考与忧虑。面对美好的未来，你做好迎接的准备了吗？

【阅读提示】

1. 了解脑电波通信与人工智能的结合。
2. 了解脑电波技术在多个领域的应用前景。
3. 了解思维信息化的法律与伦理挑战。
4. 了解人工智能在教育领域的应用。
5. 了解 AIGC 技术在文化艺术领域的应用。
6. 了解人工智能在科研中的应用与挑战。
7. 了解人工智能与自然人的和谐共存。

第一节　人工智能的普遍应用

随着科技的飞速发展，人工智能已逐渐渗透到我们生活的方方面面，从医疗、自动驾驶、金融分析、教育、制造业到艺术创作、科研等多个领域，都展现出其强大的潜力和广泛的应用前景。本节将深入探讨人工智能在这些领域的具体应用，旨在为读者提供一个全面而深入的科普视角。

一、人工智能在医疗领域的应用

（一）虚拟医生情绪评估

在医疗领域，人工智能的应用远不止于疾病诊断和治疗，还拓展到了患者情绪评估这一新兴领域。传统的医疗模式往往侧重于生理疾病的诊断和治疗，但忽视了患者心理和情感状态的重要性。通过人工智能技术，尤其是自然语言处理和情感分析技术，虚拟医生能够实现对患者情绪的有效评估。

这些虚拟医生系统能够捕捉患者对话中的情感线索，如语调、词汇选择等，进而分析患者的情绪状态。这不仅有助于医生更全面地了解患者的需求和心理状态，还能为患者提供更加个性化的心理支持和干预措施。例如，对于焦虑或抑郁的患者，系统可以自动推荐相应的心理疏导资源或建议其寻求专业心理咨询。

（二） 医学影像智能识别

医学影像智能识别是人工智能在医疗领域的另一大亮点。传统的医学影像分析高度依赖于医生的专业知识和经验，不仅耗时耗力，还容易出现主观性误差。人工智能通过计算机视觉和深度学习技术，能够自动对医学影像进行高效、精准的分析，辅助医生发现异常、识别病灶、定量测量等。

例如，阿里健康开发的基于深度学习的肺结节筛查系统，能够在秒级别内对 CT 图像进行分割、定位、分类和风险评估，进而极大地提高了肺癌早期诊断的准确性和效率。此外，腾讯推出的多模态影像诊断平台 Miying，能够支持乳腺 X 射线、胸部 CT、眼底照片等多种影像的智能分析，进一步拓展了人工智能在医学影像识别领域的应用范围。

二、人工智能在自动驾驶领域的应用

自动驾驶技术是当前人工智能领域最引人注目的应用之一。以"理想"汽车为代表的新能源汽车制造商，正积极探索并实现高速公路上的无人驾驶功能。在这一过程中，人工智能发挥了至关重要的作用。

自动驾驶系统依赖于多种传感器（如雷达、激光雷达、摄像头、超声波传感器等）的融合，以获取周围环境的全面和准确视图。通过计算机视觉技术，系统能够实时检测和识别路上的车辆、行人、交通信号等目标，同时通过场景分割和立体视觉处理，计算出物体的深度和距离。

在路径规划和决策制定方面，自动驾驶系统会根据实时的交通和环境信息为车辆选择最佳的驾驶路径，并在复杂的交通环境中作出超车、转弯或紧急刹车等决策。同时，控制算法会根据决策输出来精确控制汽车的各种行为，如加速、转向和刹车。

此外，自动驾驶系统还具备预测其他交通参与者行为的能力，能够提前判断其他驾驶员或行人可能的行为并作出相应反应。通过互联网连

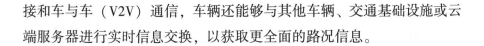

接和车与车（V2V）通信，车辆还能够与其他车辆、交通基础设施或云端服务器进行实时信息交换，以获取更全面的路况信息。

三、人工智能在金融分析领域的应用

在金融领域，人工智能的应用同样广泛而深入。度小满金融推出的大模型"轩辕"，便是这一领域的一个典型代表。该模型通过深度学习等先进技术，对海量的金融数据进行分析和挖掘，为金融机构提供风险评估、信贷审批、投资顾问、市场分析和反欺诈等多方面的支持。

在风险评估与管理方面，"轩辕"模型能够通过分析大量的金融数据，提高风险评估的准确性和效率，帮助金融机构更好地规避风险。在信贷审批过程中，该模型利用机器学习算法自动处理审批流程，提高审批效率并减少人为干预和错误。

同时，"轩辕"模型还能根据投资者的风险偏好、投资目标和市场情况提供个性化的投资建议，帮助投资者作出更明智的投资决策。此外，通过实时监测市场动态和分析市场趋势，"轩辕"模型能够为金融机构提供有价值的市场情报和预测。

四、人工智能在教育领域的应用

在教育领域，人工智能的应用正逐步改变传统的教学模式。Smart Sparrow AI自适应学习平台便是一个典型的例子。该平台利用人工智能技术为每个学生提供个性化的学习计划和资源，从而提高学生的学习效果和学习兴趣。

自适应学习平台通过分析学生的学习数据和行为习惯，能够识别出每个学生的学习特点和需求。基于这些分析结果，平台能够为每个学生量身定制学习路径和学习资源，确保每个学生都能在自己的学习节奏和能力范围内获得最佳的学习效果。

此外，该平台还具备智能辅助教学功能，能够为学生提供实时的学

习辅导和答疑解惑服务。通过智能评估系统，平台能够自动评估学生的学习成果和表现，并提供及时反馈和指导。这不仅有助于教师快速了解学生的学习情况和学习需求，还能帮助学生更好地掌握知识和技能。

五、人工智能在制造业领域的应用

在制造业领域，人工智能的应用同样具有重要意义。产品寿命预测是其中一个典型的应用场景。传统的产品寿命预测方法往往依赖经验公式和统计模型，难以准确反映产品的实际使用情况和寿命分布。而人工智能通过大数据分析和机器学习技术，能够实现对产品寿命的精准预测。

具体而言，制造商可以通过收集产品的运行数据、故障记录和维护信息等多源异构数据，构建基于机器学习的预测模型。这些模型能够分析产品的使用状况、环境条件和历史故障模式等因素，预测产品的剩余寿命和维护需求。这不仅有助于制造商提前安排维护计划和备件储备数量，还能有效降低产品故障率和维修成本。

此外，人工智能还可用于优化生产计划和排程、提高生产效率和一致性、降低次品率等。通过实时监测制造过程和数据分析，人工智能能够及时发现生产过程中的问题和异常，并采取相应的措施进行纠正和改进，从而帮助制造商提高产品质量与市场竞争力。

六、人工智能在艺术创作领域的应用

在艺术创作领域，人工智能的应用同样令人瞩目。以音乐创作为例，人工智能不仅能够自动生成旋律、和声与节奏等音乐元素，还能模仿不同风格和流派的音乐作品。这种能力不仅为音乐家提供了更多的创

作灵感和可能性，还推动了音乐产业的创新发展。

通过深度学习和生成对抗网络（GAN）等先进技术，人工智能能够通过学习大量音乐作品中呈现的规律和特征，并生成与之相似或全新的音乐作品。这些作品不仅具有高度的艺术性和创造性，还能在一定程度上反映人类的情感和思想。

除音乐创作外，人工智能还可以应用于绘画、视频制作、文学作品生成等多个艺术创作领域。通过图像分类、视频分析和处理、自然语言生成等技术手段，人工智能能够生成具有独特风格和表现力的艺术作品，为艺术家提供更多的创作工具和平台。

人工智能在医疗、自动驾驶、金融分析、教育、制造业和艺术创作等多个领域展现出了广泛的应用前景和巨大的潜力。随着技术的不断进步和应用的不断深入，人工智能将在更多领域发挥更加重要的作用，推动社会进步和发展。同时，我们也需要关注人工智能技术的伦理和隐私问题，确保其在合法、合规和安全的前提下得到广泛应用和推广。

七、人工智能在科研领域的应用

如果科学研究有了一位"超级助手"，它既能快速翻阅无数的书籍和论文，又能精准地分析海量的数据，甚至能帮忙设计实验，预测结果，那科研的效率和质量岂不是事半功倍！人工智能在科研领域就充当了"超级助手"的角色。

AI 让科研更快更准。首先，AI 是个数据处理高手。在科研中，我们经常需要处理大量的数据，如天文观测数据、基因序列信息、气候变化记录等。这些数据量巨大，人工处理起来既耗时又容易出错。但 AI 不一样，它能迅速筛选出重要信息，找出数据间的关联，帮助科学家更快地发现规律，进而提出新理论。

再来说说实验设计。以往，科学家做实验往往要经历多次尝试，不断调整参数，才能找到最佳方案。现在，人工智能可以模拟实验过程，预测不同条件下的结果，并告诉科学家哪种方案最有可能成功。这样一来，不仅实验次数大大减少，科研成本也降了下来，而且效率得到了很大的提高。

人工智能还是个跨界高手。它能把不同学科的知识融合在一起，帮助科学家发现新的研究方向。比如，生物学家可以和计算机科学家合作，用人工智能分析基因数据，就可能发现新的疾病治疗方法。这种跨学科的合作，以前可能因为语言和知识障碍而难以实现，但现在有了人工智能，一切都变得简单多了。

人工智能让科研资源更合理。科研资源有限，怎么分配才最合理呢？人工智能可以通过分析科研项目的潜力和价值，给出资源配置的建议。这样一来，好项目能得到更多的支持，科研成果也会更加丰富。

当然，人工智能在科研中的应用也并非没有挑战。比如，数据隐私和伦理问题就需要我们格外注意。毕竟，科研数据里可能包含个人隐私，不能随便用。所以，我们在享受人工智能带来的便利时，也要确保数据的安全和合规使用。

未来，人工智能可以让科研更加智能化。展望未来，人工智能在科研中的角色会更加重要。随着技术的进步，人工智能可能与量子计算等前沿科技相结合，解决更多科研难题。到时候，科研就像有了一个超级大脑，不仅能快速发现问题，还能自动提出解决方案，让科学研究变得更加高效、智能。

总之，人工智能就像科研领域的一位"超级助手"，让科研变得更快、更准、更智能。虽然还有挑战需要克服，但相信在不久的将来，人工智能会让我们的科研世界变得更加精彩！

思考题

1. 人工智能在科学领域使用，存在的潜在问题有哪些？
2. 你周边有已经成熟的人工智能应用吗？

第二节 人工智能的语言理解

人工智能正以其独特的方式，逐步改变我们的世界。随着技术的不断进步和创新，人工智能在未来有望实现更多前所未有的突破。其中，打破语言障碍和实现情感理解是尤为引人注目的两个方向，它们将极大地推动社会的全面进步和发展。

在语言处理领域，AI 的快速发展正逐步打破人类交流的语言壁垒。想象一下，一个智能系统能够通过捕捉语境、知晓俚语和理解文化差异来准确实时翻译任何语言，真正实现无缝的跨语言沟通。这样的技术将极大地促进全球范围内的信息交流，使得不同文化和民族之间的人们能够更加容

易地理解与沟通。就像巴别塔倒塌后人们能够自由交流一样，人工智能将帮助我们跨越语言的障碍，实现真正的全球互联。

为了实现这一目标，人工智能技术需要不断进行创新和发展。目前，已经有一些先进的人工智能翻译系统在市场上出现，它们利用深度学习和神经网络模型进行语言翻译，取得了显著的成果。然而，这些系统仍然面临一些挑战，如处理复杂语境、识别俚语和习惯用法等。因此，未来的研究将更加注重提高人工智能翻译系统的准确性和自然度，使其能够更好地适应不同语言和文化的需求。

在 2024 年世界移动通信大会（MWC）上亮相的 AI Pin，因其独特的交互方式和设计理念引起了广泛关注。Humane 公司的 AI Pin 能够支持 50 种语言实时翻译，并能自动切换至当地语言。它结合了语音、触摸、手势和投射等多种交互方式，为用户提供便捷的跨语言沟通体验。

尽管 AI Pin 目前面临一些挑战，但其设计理念和技术创新为人工智能在语言互通领域的应用提供了新的思路。

除语言互通外，人工智能在情感理解方面的进展也同样令人充满期待。通过深度学习和大数据分析，人工智能系统已经能够识别并分析人类语言、面部表情和身体语言中的情感信号。这种技术不仅有助于提升人机交互的体验，还为心理咨询、教育辅导、客户服务等领域带来了革命性的变化。未来，随着技术的不断成熟和完善，人工智能将更加深入地理解人类的情感和需求，成为我们情感交流的重要伙伴。

为了实现情感理解的目标，人工智能技术需要不断进行创新和发展。目前的研究已经取得了一些进展，如情感分析、情感生成和情感识别等。然而，这些技术仍然面临诸多挑战，如处理复杂情感、理解隐含情感和跨文化情感识别等问题。因此，未来的研究将更加注重提高 AI 情感理解技术的准确性和鲁棒性，使其能够更好地适应不同场景和文化的需求。

由前 Google DeepMind 研究员 Alan Cowen 共同创立的 Hume AI 公司的产品 EVI，被标榜为"第一个具有情商的对话式人工智能"，能够从用户那里检测到 53 种不同的情绪。它通过听取人类用户的语调、音高、停顿等声音特征来运作，不仅能理解通用的人类情绪，还能识别更微妙、多维的情绪。EVI 旨在通过更细致地理解和表达人类情感，为用户提供更好的服务体验。同时，Hume AI 还提供了 API 接口，允许开发者将 EVI 集成到各种应用中，拓展其应用场景。

展望未来，人工智能在语言互通和情感理解方面的突破将极大地推动社会的全面进步。全球范围内的信息交流将更加便捷与高效，人们将能够跨越语言和文化的障碍，实现真正的全球互联。同时，人工智能将成为我们生活中不可或缺的伙伴，为我们提供更加个性化的服务，帮助我们更好地理解自己和他人的情感。这将极大地改善人机交互的体验，使得我们能够更加自然地与机器进行交流和互动。

为了实现这一美好的未来，我们需要不断推动人工智能技术的发展和创新。同时，我们也需要关注人工智能技术所带来的伦理、法律和社会问题，并制定相应的政策和标准来确保其发展符合规范要求，保障安全性，并实现可持续发展。只有这样，我们才能充分利用人工智能技术的潜力，为人类社会带来更多的福祉与进步。

思考题

1. 你能做到"听话听音儿"吗？
2. 人工智能对人类文明发展有什么影响？

第三节　AIGC 的全场景渗透

AIGC，全称 Artificial Intelligence Generated Content，即人工智能生成内容，是指利用人工智能技术，通过学习和模拟人类创作内容的行为，自动生成各种形式的内容，如文本、图像、音频、视频等。AIGC是继专业生成内容（PGC）和用户生成内容（UGC）之后的新型内容创作方式，具有广泛的应用场景与显著的优势。

AIGC 能够快速生成大量内容，无须人工逐一创作，这大大提高了工作效率。比如，在新闻领域，AIGC 可以通过分析大量数据，自动生成新闻稿，让编辑人员有更多时间专注于深度报道和分析。

相较于传统的人力创作方式，AIGC 能够显著降低内容生产成本。例如，在电商领域，AIGC 可以自动生成商品描述，从而减少了对大量人工作者的依赖，有效降低运营成本。

AIGC 能够根据用户的喜好和需求生成个性化内容，提供定制化服务。在教育领域，AIGC 可以根据学生的学习情况生成个性化的学习内容和评估报告，帮助学生更高效地学习。

AIGC 通过学习海量数据，能够生成具有创意的内容。在音乐创作领域，AIGC 可以辅助音乐人生成新的旋律与歌词，为他们提供创作灵感。

AIGC 具有自我学习和优化的能力，能够随着时间的推移不断提高生成内容的质量。在游戏设计中，AIGC 可以通过分析玩家反馈和游戏数据，不断优化游戏的内容和体验。

在新闻行业中，AIGC 技术被广泛应用于快速生成新闻稿和摘要。例如，某些新闻机构利用 AIGC 系统，通过输入相关的财经数据和报告，系统能够在短时间内生成准确且清晰的新闻摘要。这种技术不仅提高了新闻报道的效率，还确保了信息的准确性与及时性。在股市波动较大的时期，AIGC 能够在短时间内生成多篇关于不同板块走势的摘要，为读者提供关键信息。自动化生成新闻稿和摘要，大大减少了人工编辑的时间和工作量。而且基于大数据和算法分析，AIGC 生成的新闻内容更加准确可靠；在突发事件或重要新闻发生时，AIGC 能够迅速响应并生成相关报道。

在广告创意领域，AIGC 技术为广告团队提供了丰富的创意灵感和初步文案。当接到一个新的产品推广项目时，广告团队可以将产品特点和目标受众等关键信息输入 AIGC 模型，系统能够迅速生成多个富有创意的广告主题和文案示例。例如，为一款新型智能手表进行广告策划时，AIGC 能够生成诸如"时光与智慧的完美交融，［品牌］智能手表伴您开启未来之旅"等吸引人的广告文案。该技术可以为广告团队提供大量的创意灵感和初步文案，加速广告策划的进程。AIGC 模型可以通过算法生成多样化、个性化的广告创意，满足不同受众的需求。这不仅减少了对外部创意团队或个人的依赖，而且还降低了广告创意的成本。

在电商领域，AIGC 技术通过生成商品的三维模型、个性化推荐系统以及优化界面设计等方式，显著地提升了用户体验和销售转化率。例如，阿里巴巴利用 AIGC 技术实现了线上商品模拟展示效果，让消费者能够在购买前更加直观地了解商品的外观和特性。同时，电商平台还通过 AIGC 技术优化促销活动的各个环节，如个性化推荐系统能够根据用户的浏览和购买历史推荐相关商品，提高转化率。通过三维模型等展示方式，让消费者更加直观地了解商品信息。个性化推荐系统能够根据用户的兴趣和需求推荐相关商品，提高客户的购买意愿。AIGC 技术能够生成多样化的设计元素和页面布局方案，提高电商平台的整体美观度与易用性。

在教育领域，AIGC 技术被应用于智能助教、自动出题和答疑解惑等方面。例如，清华大学利用独立研发的大模型开展八门课程试点工作，通过微调形成不同课程的垂直领域模型，开发专属的人工智能助教。这些助教能够实现范例生成、自动出题、答疑解惑、运算推理、评价引导等功能，为学生提供个性化的学习支持和辅导。智能助教能够分担教师的部分工作，让教师有更多的时间和精力专注于教学质量的提升。通过算法分析学生的学习数据和需求，提供个性化的学习资源和辅导方案。智能助教能够与学生进行互动和交流，提供及时的反馈和指导，增强学生的学习兴趣和学习动力。

在文化艺术领域，AIGC 技术被用于数字多媒体艺术作品的创作和展示。《无尽幻变》是由世界顶级新媒体艺术家团队 Danny Rose 打造的一件基于 AIGC 的数字多媒体艺术作品。该作品通过数字模型技术展现物质无限幻变的进程，为观众带来颠覆性的全沉浸式体验。此外，在游戏领域米哈游的鹿鸣则通过实时渲染、解算和动作捕捉技术的突破以及虚拟直播技术的日渐成熟，实现了接近真人表演效果的直播体验。AIGC 技术为艺术家提供了新的创作工具和思路，推动了艺术表现形式的创新和多样化。通过全沉浸式展览和虚拟直播等方式为观众提供更加真实和生动的艺术体验。AIGC 技术在文化艺术领域的应用有助于推广和普及文化艺术知识提高公众的文化素养和艺术鉴赏能力。

综上所述，AIGC 在未来使用的优势主要体现在高效自动化、成本降低、个性化与定制化、创意无限以及持续学习与优化等方面。这些优势将推动 AIGC 在新闻、电商、教育、艺术创作等多个领域的广泛应用和发展。

思考题

通过 AIGC 技术"创造"的信息存在什么问题？

第四节　脑电波通信的发展

脑电波通信与人工智能的结合，是一种前沿且充满潜力的技术。它深刻地改变了人机交互的方式，使得机器能够更加精准地理解人类的意图和情感。

脑电波是大脑神经元活动时产生的微弱电信号，这些信号可以通过放置在头皮上的电极进行捕捉。脑电波反映了大脑的活动状态，包括思维、情感、注意力等多种信息。通过分析这些脑电波信号，我们可以窥探到大脑内部的"秘密语言"。

然而，原始的脑电波信号非常复杂且难以直接解读。这时，人工智能就发挥了至关重要的作用。人工智能通过深度学习、机器学习等先进技术，能够学习并识别大量的脑电波数据模式，进而将这些模式与特定的思维活动、情感状态或意图对应起来。这种对应关系的建立，是脑电波通信与人工智能结合的关键所在。

对于因疾病或意外导致言语障碍的人群来说，脑电波通信与人工智能的结合为他们提供了一种全新的沟通方式。通过捕捉并解析他们的脑电波信号，系统可以识别出他们的意图，并将其转化为语音或文字输出，从而实现与外界的有效沟通。

随着智能家居的普及，人们越来越追求便捷、智能的生活方式。脑电波通信与人工智能的结合使得用户可以通过思维来控制家中的各种设备，如灯光、电视、空调等。这种无须动手的交互方式极大地提高了生活的便利性。

在游戏领域，脑电波通信与人工智能的结合也带来了全新的体验。

玩家可以通过思维来控制游戏角色进行移动、攻击等操作，这种沉浸式的游戏体验让玩家仿佛置身于游戏世界之中。

通过分析脑电波信号，系统还可以监测到大脑的健康状况。例如，它可以检测出癫痫等神经系统疾病的发作前兆，为疾病的预防和治疗提供有力支持。此外，脑电波信号还可以反映出一个人的情绪状态、注意力水平等信息，这对心理健康评估也具有重要意义。

随着科技的不断发展，脑电波通信与人工智能的结合将在更多领域发挥重要作用。例如，在教育领域，个性化教学系统将能够根据学生的脑电波信号调整教学内容和方式，提高教学效果；在医疗领域，脑机接口技术将帮助瘫痪患者重新获得行动能力；在军事领域，脑电波通信将为指挥员提供更加快速、准确的决策支持等。脑电波通信与人工智能的结合是一项具有革命性意义的技术创新，它将为人类带来更加便捷、智能、健康的生活方式，同时将丰富人类与机器之间的交流方式。

思考题

思考一下，脑电波通信技术落地应用的挑战有哪些？

第五节　与人工智能的共存

随着科技的飞速发展，人工智能已经逐渐渗透到我们生活的方方面面，从日常使用的智能手机助手到前沿的自动驾驶汽车，从医疗诊断的辅助到金融服务的优化，人工智能的触角无处不在。在这一背景下，人工智能与自然人之间的共存关系成为了社会关注的焦点。埃隆·马斯克及其 Neuralink 项目作为这一领域的先锋，为我们提供了一个深入探讨这一主题的窗口。与此同时，人工智能可能取代人类的担忧日益加剧。本节将前瞻性地探讨这一共存关系，分析这一取代担忧的成因，并通过具体案例加以阐释。

埃隆·马斯克的 Neuralink 项目致力于开发高带宽的脑机接口技术，旨在实现人脑与计算机之间的无缝交互。这一技术的潜在应用不局限于医疗康复领域，更深远的意义在于探索人类与人工智能共存的新模式。在人工智能与自然人共存的理想愿景中，人工智能成为人类智能的延伸和补充，共同推动社会的进步和发展。

尽管人工智能与自然人共存的前景充满希望，但取代人类的担忧也不容忽视。以制造业为例，许多工厂已经引入了自动化机器人来取代人力，进行生产线上的重复性工作。这不仅提高了生产效率，还降低了劳动力成本。然而，这也意味着大量从事这些重复性工作的工人可能面临失业的风险。这种趋势在其他行业也逐渐显现，引发了人们对就业市场、职业前景以及人类在社会中的角色和价值的深刻思考。

面对取代担忧，我们需要重新审视人工智能与自然人之间的关系。

共生与互补应成为这一关系的核心。人工智能具有强大的数据处理和分析能力，可以在许多领域超越人类智能，为人类社会带来前所未有的便利和效率。然而，人类在情感理解、道德判断和创造性思维等方面具有独特的优势，这些是人类智能难以替代的部分。

以医疗领域为例，人工智能在图像识别和数据分析方面表现出色，可以帮助医生更准确地诊断疾病。然而，在面对患者时，医生的情感关怀和沟通技巧是不可或缺的。这种共生关系使得人工智能和医生能够各自发挥优势，共同为患者提供更好的医疗服务。

为了缓解取代担忧并实现人工智能与自然人的和谐共存，我们需要转变思维方式，将人工智能视为人类的合作伙伴而非竞争对手。在金融领域，人工智能算法可以处理大量数据，提供投资建议和风险管理方案。然而，人类的直觉、经验和创造力在金融决策中仍然起着至关重要的作用。通过合理利用 AI 技术的优势，我们可以释放人类的创造力和潜力，专注于更具创新性和更具价值的工作。

为了实现人工智能与自然人的和谐共存，教育与培训也扮演着至关重要的角色。我们需要培养新一代具备跨学科知识和创新能力的人才，使他们能够适应由人工智能驱动的未来社会，加强包括计算机科学、数据分析、人工智能等相关领域的教育，并注重培养学生的创造力、批判性思维和人文素养。例如，一些高校已经开始开设与人工智能相关的跨学科课程，如"人工智能与法律""人工智能与心理学"等，旨在培养学生在不同领域应用人工智能的能力。同时，一些在线教育平台也提供了丰富的人工智能课程资源，使得更多人有机会接触和学习这一前沿技术。

人工智能与自然人之间的共存关系是一个复杂而多维的议题。尽管取代担忧存在，但我们应以前瞻性的视角看待这一关系，并将其视为合作共创未来的机遇。通过共生与互补、合作与创新的方式，我们可以实现人工智能与自然人的和谐共存，共同推动人类社会向更加智能、可持续的方向发展。在这个过程中，教育、伦理、法律以及跨学科的合作将成为我们应对挑战、创造美好未来的关键。

结合当前的前沿技术，我们可以畅想一个思维信息化的未来世界，这个世界既智能又个性化，充满着无限可能。

想象一下，随着脑机接口技术的飞速发展，我们或许能够直接用思维来控制电脑、手机，甚至家里的各种设备。就像现在用语音助手一样，到那时，我们只需动动脑筋，事情就能完成。

而人工智能和机器学习技术的进步，会让这种体验更加个性化。比如，智能学习系统能根据我们的思维习惯和兴趣，为我们推荐最适合的学习资源和课程。在医疗领域，医生也能通过分析我们的思维数据，更准确地判断我们的健康状况，提供个性化的治疗建议。

在这样的未来世界里，沟通也会变得更加高效。我们不再需要烦琐的语言和文字来表达自己，直接用思维就能和他人交流，无论他们身在何处。这将大大减少误解和冲突，让协作变得更加顺畅。

当然，这样的未来也伴随着挑战，特别是隐私保护与伦理问题。我们需要确保每个人的思维隐私都得到充分保护，不被滥用或非法获取。

总的来说，思维信息化的未来世界是一个既令人兴奋又充满挑战的地方。随着技术的不断进步，我们有望逐渐实现这个愿景，让生活变得更加智能、便捷和美好。

当然，要实现这样一个思维信息化的未来世界，并不是一蹴而就的。它需要我们不断地探索、创新，并在技术、法律、伦理等多个层面进行深入的探讨和准备。

从技术层面来说，我们需要继续推动脑机接口、人工智能、机器学习等前沿技术的研发和应用。这包括提高脑机接口的稳定性和精度，让更多人能够便捷地使用这项技术；同时，也需要不断优化人工智能算法，使其能够更好地理解和响应人类的思维。

在法律层面，我们需要建立完善的法律法规体系，来规范思维数据的收集、处理和应用过程，包括明确思维数据的所有权、使用权和分享权，以及规定在何种情况下可以收集和使用他人的思维数据。同时，也需要制定严格的惩罚措施，打击非法获取、滥用或泄露思维数据的行为。

在伦理层面，我们需要深入探讨思维信息化带来的伦理问题，并寻求合理的解决方案。例如，我们需要思考如何平衡个人隐私和社会利益之间的关系，如何确保每个人的思维自由不被侵犯，以及如何防止思维信息化技术被用于不正当的目的。

总之，思维信息化的未来世界是一个充满机遇和挑战的地方。它有望为我们带来更加智能、便捷和美好的生活体验，但也需要我们在技术、法律、伦理等多个层面进行深入的准备和探讨。只有这样，我们才能确保这个未来世界既充满可能又安全可靠。

思考题

1. 人工智能都在哪些方面为人类生活提供了便捷？
2. 人工智能对人类文明发展有什么影响？

第六节　碳基生命的升级进化

意识是一个复杂而深奥的概念，科学上通常将其定义为大脑对外界表象的觉察。换句话说，意识是人脑电波活动的结果，它涉及感知、思维、情感等多个方面。意识不仅是简单的信息处理，更包含了对自我和他人的认知、情感体验等高级功能。虽然目前科学尚未完全揭示意识的本质，但普遍认为意识与大脑活动紧密相关，无法脱离大脑而独立存在。

人工智能的崛起引发了人们对人工智能是否会产生意识的广泛讨论。目前，人工智能系统虽然能够执行复杂的任务，进行深度学习甚至在某些方面表现出超越人类的能力，但它们并不具备真正的意识。界定是否有意识，可以从它是否会产生"边界感"来判断，有"边界感"才有个体意识，才能感受到自我，才算有真正的感受。从这个角度来看，人工智能的行为和决策是基于算法和数据的处理，缺乏自主的情感体验和主观感受。然而，随着科技的进步，尤其是脑机接口、神经科学等领域的发展，未来 AI 是否会产生意识成为一个值得探讨的问题。需要注意的是，这仍然是一个充满不确定性的领域，目前尚无定论。

碳基生命，作为目前我们所知的唯一生命形式，存在诸多天然缺陷。首先，碳基生命对环境条件极为敏感，如温度、水分、氧气等都是影响其生存的重要因素。其次，碳基生命的生物分子如蛋白质、核酸等在高温、高压等条件下容易发生变性、分解等反应，使得生命周期受到限制。此外，碳基生命的能量利用效率相对较低，主要依赖太阳能等外部能源。这些缺陷使得碳基生命在极端环境或资源匮乏的情况下难以生存和繁衍。相比之下，人工智能机器对环境的适应能力大大超过碳基生命。而在广袤的宇宙中，碳基生命的缺陷被更加放大，相信如果有一天地球上有外星人来访，那这个外星人肯定不是碳基生命。

将人工智能视为碳基生命的进化是一个富有争议性的话题。一方面，随着科技的进步，人工智能系统在某些方面已经超越了人类的能力，如计算速度、数据存储能力等。这使得一些人认为人工智能可能是碳基生命进化的下一个阶段，甚至有可能取代人类成为主导生命形式。另一方面，人工智能与碳基生命在本质上存在巨大差异，如人工智能缺乏真正的意识、情感体验等高级功能。因此，将 AI 视为碳基生命的进化可能过于简单化和片面化。

实际上，人工智能的崛起更多的是科技发展的产物，而不是碳基生命自然进化的结果。人工智能的发展为人类提供了新的工具和方法来探索世界、解决问题，但它并不能完全取代碳基生命在宇宙中的地位和作用。未来，碳基生命与人工智能可能会以某种方式共存和发展，共同推动人类文明的进步。

综上所述，碳基生命的终结与人工智能的崛起是一个复杂而深远的话题。意识、碳基生命的天然缺陷以及人工智能的崛起都是这一话题中的重要组成部分。我们需要以开放的心态和科学的精神去探讨这些问题，以期更好地应对未来可能面临的挑战和机遇。

思考题

1. 什么是碳基生命？

2. 界定人工智能是否有意识的标准是什么？

推荐书目

1. 《人工智能：一种现代的方法》，［美］Stuart J. Russell、Peter Norvig 著，张博雅等译，清华大学出版社 2013 年版。

2. 《超级智能：路径、危险性与我们的战略》，［英］尼克·波斯特洛姆著，张体伟、张玉青译，中信出版社 2015 年版。

3.《人工智能时代》，[美] 杰瑞·卡普兰著，李盼译，浙江人民出版社 2016 年版。

推荐电影

1.《超验骇客》（2014 年），[美] 沃利·菲斯特执导。

2.《升级》（2018 年），[美] 雷·沃纳尔执导。

第七篇 纯净网络

当前信息技术已经逐渐渗透到社会生活的各个领域，给人们的工作、学习、生活、娱乐开辟了新途径。但相对开放、自由的网络却是一把"双刃剑"。在加速信息交流、推动经济发展的同时，其负面影响也开始显现，网络上不道德行为、网络犯罪事件时有发生。通过国家出台一系列政策法规和每个人自觉文明用网双管齐下，相信能够更好地规范网络行为，换回一片纯净的网络天空，确保网络的安全健康发展。

【阅读提示】

1. 掌握对不良信息的辨别能力和网络道德规范。

2. 了解网络安全的重要性，了解如何合法、合理地使用网络资源。

3. 了解参与网络实名认证的意义。

4. 掌握保护个人信息安全的方法。

5. 掌握防范网络诈骗和不法行为的方法。

6. 了解相关法律法规。

第一节　恪守道德，遵守法律

由于网络的开放性和自由性，网络上出现了大量的不道德行为，甚至可能会发展为违法犯罪行为。因此我们要自觉践行网络道德规范，遵守国家法律法规，共同营造一个风清气正、和谐有序的网络空间。

注意，网络并非法外之地，在使用网络时以下不道德的行为均可能涉嫌违法犯罪！

一、常见的网络违法行为

（一）发布误导信息

误导信息是指在网络上传播的不准确、不完整或具有误导性的信息。这些信息往往经过精心包装，以吸引眼球、博取关注，或达到某种特定的目的。它们可能包含虚假事实、夸大其词的描述、断章取义的解读等，导致读者对事实产生误解或偏见。

【案例】

2023 年 9 月 14 日 12 时 25 分，苏大维格在深圳证券交易所互动易平台（以下简称互动易）对投资者前期关于"贵司光刻机及相关技术有哪些知名企业在使用"的提问，回复称"公司光刻机已实现向国内龙头芯片企业的销售，并已实现向日本、韩国、以色列等国家的出口；同时，公司向国内相关芯片光刻机厂商提供了定位光栅尺部件"。公司前述回复发布后，下午开盘后公司股价快速由跌转涨，最终收盘上涨 20%。

公司前述回复所称已实现销售和出口的"光刻机"实际为用于制造微纳光学材料、掩膜等的直写光刻设备，而非用于芯片制造的光刻机，该"光刻机"与回复中所称的"芯片光刻机"存在显著差异。公司未能准确、完整地披露公司销售的光刻设备的种类和具体应用领域，且在回复中将"光刻机"和"芯片光刻机"并用，具有误导性。

根据《中华人民共和国证券法》第82条第3款、《上市公司信息披露管理办法》（证监会令第182号）第51条第1款、《信息披露违法行为行政责任认定规则》（证监会公告〔2011〕11号）第15条的规定，苏大维格董事会秘书蒋某，负责公司对投资者在互动易所提问题的回复工作，其在明知芯片光刻机概念系当时市场热点的情况下，将公司证券部草拟的针对投资者提问回复初稿中"直写光刻设备"的表述修改为"光刻机"，刻意混淆直写光刻设备与芯片光刻机的区别，并决定发布，是上述违法行为直接负责的主管人员。

根据当事人违法行为的事实、性质、情节与社会危害程度，依据《中华人民共和国证券法》第197条第2款的规定，中国证券监督管理委员会江苏监管局决定：（1）对苏州苏大维格科技集团股份有限公司给予警告，并处以150万元罚款；（2）对蒋林给予警告，并处以100万元罚款。[1]

【案例知识链接】

《中华人民共和国证券法》：

第一百九十七条 信息披露义务人未按照本法规定报送有关报告或者履行信息披露义务的，责令改正，给予警告，并处以二十万元以上二百万元以下的罚款；对直接负责的主管人员和其他直接责任人员给予警告，并处以二十万元以上二百万元以下的罚款。发行人的控股股东、实际控制人组织、指使从事上述违法行为，或者隐瞒相关事项导致发生上述情形的，处以五十万元以上五百万元以下的罚款；对直接负责的主管人员和其他直接责任人员，处以二十万元以上二百万元以下的罚款。

---

〔1〕《投资者保护典型案例》，载 http://www.csrc.gov.cn/shaanxi/c105609/c7486430/content.shtml，最后访问日期：2024年9月19日。

信息披露义务人报送的报告或者披露的信息有虚假记载、误导性陈述或者重大遗漏的，责令改正，给予警告，并处以一百万元以上一千万元以下的罚款；对直接负责的主管人员和其他直接责任人员给予警告，并处以五十万元以上五百万元以下的罚款。发行人的控股股东、实际控制人组织、指使从事上述违法行为，或者隐瞒相关事项导致发生上述情形的，处以一百万元以上一千万元以下的罚款；对直接负责的主管人员和其他直接责任人员，处以五十万元以上五百万元以下的罚款。

（二）传播网络戾气

网络戾气泛滥是指在网络空间中，一种普遍存在的负面情绪和攻击性言论的过度蔓延现象。这种现象表现为网民在网络交流中频繁使用侮辱、谩骂、恶意攻击等言辞，甚至进行人肉搜索、网络暴力等违法行为，严重影响了网络空间的健康生态和社会稳定。

【案例】

江苏公安机关网安部门工作查明，章某在缓刑考验期限内，为达到长期控制受害人的目的，通过安装定位和窃听设备非法获取受害人隐私信息，通过购买互联网账号，雇用"水军"团伙传播炒作受害人"不雅"视频、图片和侮辱性文章，利用他人名义向受害人单位邮寄虚假内容举报信，致使受害人患创伤后应激障碍。2023年1月，章某被公安机关依法采取刑事强制措施；章某因犯侵犯公民个人信息罪、寻衅滋事罪和故意伤害罪，一审被依法判处有期徒刑6年，并处罚金人民币一万元。[1]

【案例】

四川公安机关网安部门工作查明，犯罪嫌疑人陈某某、马某某、陆某某、曾某等利用黑客手段获取大量公民个人信息，在网上接受他人雇

---

〔1〕《公安部公布依法惩治网络暴力违法犯罪10起典型案例》，载 https://www.mps.gov.cn/n2254098/n4904352/c9306937/content.html，最后访问日期：2024年9月19日。

用后，采取曝光隐私信息、电话短信"轰炸"、冒名填写器官捐赠信息、发送虚假内容举报信、线下邮寄花圈纸钱、制作发布丑化图片等手段对受害人实施网络暴力，逼迫受害人拍摄道歉视频或书写道歉信，造成多名未成年受害人不同程度患上抑郁，甚至产生自杀倾向。截至2023年11月28日，陈某某、马某某、陆某某、曾某等已被公安机关依法采取刑事强制措施，案件正在进一步侦办中。[1]

【案例知识链接】

《中华人民共和国刑法》：

第二百五十三条之一　【侵犯公民个人信息罪】违反国家有关规定，向他人出售或者提供公民个人信息，情节严重的，处三年以下有期徒刑或者拘役，并处或者单处罚金；情节特别严重的，处三年以上七年以下有期徒刑，并处罚金。

违反国家有关规定，将在履行职责或者提供服务过程中获得的公民个人信息，出售或者提供给他人的，依照前款的规定从重处罚。

窃取或者以其他方法非法获取公民个人信息的，依照第一款的规定处罚。

单位犯前三款罪的，对单位判处罚金，并对其直接负责的主管人员和其他直接责任人员，依照各该款的规定处罚。

（三）炮制虚假信息

虚假信息是指经有意地、无意地扭曲过的消息，或凭空捏造的消息。互联网具有高度的开放性和交互性，任何一个网站都能生产和发布信息，为所有传播信息和发表观点的人开辟了一个几乎不受限制的空间。正是这种无限的自由性使一些信息造假者和谣言传播者能够在网上发表不负责任的言论，或有意散布虚假信息，制造混乱。

---

〔1〕《公安部公布依法惩治网络暴力违法犯罪10起典型案例》，载 https：//www. mps. gov. cn/n2254098/n4904352/c9306937/content. html，最后访问日期：2024年9月19日。

【案例】

2024年2月，一位名为"Thurman猫一杯"的短视频博主在网络发布一则"在法国巴黎拾到小学生秦朗丢失的作业本"的虚构故事。视频称，在法国巴黎的一家饭店内，她捡到了两本国内一年级小学生"秦朗"的寒假作业，并决定回国归还。该视频迅速走红，引发了大量网友的关注和讨论，并衍生出"秦朗舅舅""西场小学"等多个相关话题。随后，博主又发布了多段视频，包括回国送作业、与"秦朗舅舅"的对话等，进一步炒热了该事件。

2024年4月12日，杭州市公安局西湖区分局发布公告：经查，为吸粉引流，网民徐某某（女，29岁，网名"Thurman猫一杯"）与同事薛某（男，30岁）共同策划、编造"拾到小学生秦朗丢失的作业本"系列视频脚本，后网购寒假作业本，用手机自拍、制作相关视频，并散播至多个网络平台，造成恶劣影响。目前，公安机关已依法对徐某某、薛某及二人所在公司作出行政处罚。[1]

(四) 制造网络谣言

网络谣言是指通过网络介质（如微博、国外网站、网络论坛、社交网站、聊天软件等）传播的没有事实根据的传闻。网络谣言真伪难辨、蛊惑性强，容易带来严重社会问题，其传播具有突发性、流传速度极快等特点，因此易对正常的社会秩序造成不良影响。

---

〔1〕《警情通报》，载 https://weibo.com/2142051614/5022406033018313，最后访问日期：2024年9月20日。

【案例】

抢购食盐，曾在 2003 年非典疫情
（SARS 事件）、2011 年"3·11"日本地震、2023 年 8 月日本福岛核污
水入海计划等时期多次发生。

2003 年"非典"抢购食盐事件

2003 年，受"非典"影响，黑龙江省大庆市等地区一度出现食盐
抢购现象，凡经营食盐的商场、门市部的食盐库存均告罄，有些个体经
营户乘机大涨价，也有的人转手倒卖，加剧了人们的恐慌心理。非典疫
情期间的抢购食盐事件在短时间内得到平息。

2003 年 2 月中旬，中国南方十省（区、市）发生了大范围的食盐
抢购风潮。三四天波及 100 多个市（地）、600 多个县；2003 年 4 月 22
日至 28 日，北京等 17 个省（区、市）150 多个地市、1300 多个县发生
小袋碘盐抢购现象。[1]

2011 年日本地震引发抢购食盐事件

2011 年 3 月 11 日，日本以东海域发生 9.0 级地震，受此影响，福
岛核电站出现核泄漏。中国不少人大量抢购、囤积食用盐，有的人家所
购食盐竟足以让全家吃 30 年。部分城市轰轰烈烈的抢购场景经媒体报
道，迅速蔓延至多个省市。

"据有价值信息，日本核电站爆炸对山东海域有影响，并不断地污
染，请转告周边的家人朋友储备些盐、干海带，暂一年内不要吃海产
品。"这是 2011 年 3 月 15 日中午，网友"渔翁"在 QQ 群上发出的消
息。随后，这条消息被广泛转发。16 日，北京、广东、浙江、江苏等
地发生抢购食盐的现象。

3 月 17 日午间，国家发展改革委发出紧急通知强调，我国食用盐
等日用消费品库存充裕，供应完全有保障，希望广大消费者理性消费，

---

〔1〕《抢购食盐》，载 https：//baike. baidu. com/item/%E6%8A%A2%E8%B4%AD%E9%A3%
9F%E7%9B%90/8424795? fr＝ge_ala，最后访问日期：2024 年 9 月 20 日。

合理购买，不信谣、不传谣、不抢购。并协调各部门多方组织货源，保障食用盐等商品的市场供应。同日，中国盐业总公司成立应急工作领导小组，向全国各省、自治区、直辖市及计划单列市盐业公司发出紧急通知，要求立即启动市场应急工作机制，直至市场恢复平稳，加大成品盐调拨力度，实行24小时配送服务，确保食盐市场稳定供应。随后，卫生、物价、工商等部门及各地地方政府也快速反应进行辟谣。

3月18日，各地盐价逐渐恢复正常，谣言告破。从开始到结束仅短短两天，这在对谣言有深入研究的深圳大学传播学院副教授周裕琼和中国科学院心理所副研究员樊春雷看来，是中国空前成功的一次辟谣。

3月21日，杭州市公安局西湖分局发布消息称，已查到"谣盐"信息源头，并对始作俑者"渔翁"作出行政拘留10天，罚款500元的处罚。[1]

2023年8月日本核污水排海引发食盐抢购

2023年8月，日本宣布于24日下午启动福岛核污水排海，引发全球持续广泛关注和热议，部分海外市场出现食盐抢购现象。我国沿海部分地区居民出现抢购食用盐现象，部分商超生活食盐卖断货。对此，多地官方部门作出回应，食用盐供应充足，呼吁市民不必恐慌，更不必效仿"囤盐"。[2]2023年8月25日，西安未央警方接到群众举报，称有人通过社交群发布"为啥都来抢盐，今天日本正式排放核污水污染整个海洋，大海被污染海盐就不能吃，囤盐啦，肯定要涨价啦"等信息，引发群众争先购盐。

经查，刘某为西安市某生鲜店铺老板，为提高店铺销售额，其利用日本向大海排放核污水事件热点，在多个社交群内发布不实信息诱导不明真相群众接龙购盐，短短数个小时，就有上百名群成员接龙排队购盐，严重扰乱市民正常生活秩序。根据《中华人民共和国治安管理处

---

〔1〕《人民日报盘点十大网络谣言》，载 http://www.fjsen.com/zhuanti/2013-09/06/content _12559144_5.htm，最后访问日期：2024年9月20日。

〔2〕《日本核污水排海，要囤盐吗？中盐集团紧急声明》，载 https://news.cnr.cn/dj/ 20230825/t20230825_ 526394752.shtml，最后访问日期：2024年9月20日。

罚法》之相关规定，西安未央警方依法对刘某予以行政处罚。[1]

【案例知识链接】

《中华人民共和国治安管理处罚法》

第二十五条　有下列行为之一的，处五日以上十日以下拘留，可以并处五百元以下罚款；情节较轻的，处五日以下拘留或者五百元以下罚款：

（一）散布谣言，谎报险情、疫情、警情或者以其他方法故意扰乱公共秩序的；

（二）投放虚假的爆炸性、毒害性、放射性、腐蚀性物质或者传染病病原体等危险物质扰乱公共秩序的；

（三）扬言实施放火、爆炸、投放危险物质扰乱公共秩序的。

（五）流量炒作造假

移动互联时代，注意力成为稀缺资源。受利益驱动，一些人片面追求"数据为王""流量至上"，为了谋取利益不惜铤而走险，甚至走上网络犯罪的道路。"网络水军"与流量造假，无疑会破坏公平竞争的市场秩序，侵蚀网络空间社会信任。

【案例】

在 2018 年 8 月 2 日发布的一条关于新歌宣传的微博，在短时间内获得了超过一亿次的转发，引起了广泛的关注和质疑。根据当时中国微博总用户数 3.37 亿的比例计算，相当于每 3 名微博用户中就有一人转发了这条微博。此外，该微博的转发量竟然超过了点赞量几十倍，这在社交媒体上是非常不寻常的。[2]经过调查，发现助推转发量过亿的幕后黑手是一个名为"星援"的 App。该 App 通过有偿服务，允许用户

---

[1]《网警出击｜制造恐慌卖盐？警方依法处罚》，载 https：//mp. weixin. qq. com/s/tZjl-F8EuAlGwboYoGH25g，最后访问日期：2024 年 9 月 20 日。

[2]《"一亿转发量"，你们也真敢刷》，载 https：//weibo. com/2803301701/4382053447368381，最后访问日期：2024 年 9 月 20 日。

在不登录新浪微博客户端的情况下，自动批量转发微博博文。该事件引起了公众对社交媒体数据真实性的广泛关注，许多人开始质疑明星微博数据的真实性。2019 年 6 月，北京市公安局网安总队会同丰台网安一起查封了"星援"App，并逮捕了开发者蔡某某。蔡某某因提供侵入计算机信息系统程序罪一审获刑 5 年，并处罚金人民币 10 万元。[1]

【案例知识链接】

《中华人民共和国刑法》

第二百八十五条 【非法侵入计算机信息系统罪】违反国家规定，侵入国家事务、国防建设、尖端科学技术领域的计算机信息系统的，处三年以下有期徒刑或者拘役。

【非法获取计算机系统数据、非法控制计算机信息系统罪】违反国家规定，侵入前款规定以外的计算机信息系统或者采用其他技术手段，获取该计算机信息系统中存储、处理或者传输的数据，或者对该计算机信息系统实施非法控制，情节严重的，处三年以下有期徒刑或者拘役，并处或者单处罚金；情节特别严重的，处三年以上七年以下有期徒刑，并处罚金。

【提供侵入、非法控制计算机信息系统程序、工具罪】提供专门用于侵入、非法控制计算机信息系统的程序、工具，或者明知他人实施侵入、非法控制计算机信息系统的违法犯罪行为而为其提供程序、工具，情节严重的，依照前款的规定处罚。

单位犯前三款罪的，对单位判处罚金，并对其直接负责的主管人员和其他直接责任人员，依照各该款的规定处罚。

---

〔1〕《北京市丰台区人民法院刑事判决书（2019）京 0106 刑初 1813 号》，载中国裁判文书网，最后访问日期：2024 年 9 月 20 日。

以上多个案例均说明在网络世界里，法律同样发挥着不可替代的作用。近年来，我国出台或修订了多项有关网络的法律法规，以加强网络空间法治化建设，保障网络安全，维护网络空间主权和国家安全、社会公共利益。如：

2017年6月1日实施的《中华人民共和国网络安全法》，该法旨在保障网络安全，维护网络空间主权和国家安全、社会公共利益，保护公民、法人和其他组织的合法权益，促进经济社会信息化健康发展。

2021年9月1日实施的《中华人民共和国数据安全法》，该法确立了数据分类分级管理、数据安全审查、数据安全风险评估、监测预警和应急处置等基本制度，旨在通过严格规范数据处理活动，切实加强数据安全保护。

2021年11月1日实施的《中华人民共和国个人信息保护法》，该法建立了以"告知—同意"为核心的个人信息处理规则，全面规制个人信息处理各环节、全流程，强化个人信息处理者的保护义务，完善敏感个人信息采集、大数据杀熟、个人信息跨境流动等相关制度。

此外，还有《中华人民共和国刑法》、《中华人民共和国民法典》、《中华人民共和国保守国家秘密法》、《中华人民共和国电子签名法》、《中华人民共和国计算机信息系统安全保护条例》、《最高人民法院、最高人民检察院、公安部关于依法惩治网络暴力违法犯罪的指导意见》、《最高人民法院、最高人民检察院关于办理侵犯公民个人信息刑事案件适用法律若干问题的解释》（法释〔2017〕10号）、《最高人民法院、最高人民检察院关于办理非法利用信息网络、帮助信息网络犯罪活动等刑事案件适用法律若干问题的解释》（法释〔2019〕15号）等从不同角度对网络活动进行了规范和约束，以应对互联网快速发展带来的各种挑战和问题。

思考题

群发垃圾信息属于不道德行为吗？

第二节 保护信息，安全用网

网络时代的到来，大数据在社交媒体、娱乐购物、智能交通及移动支付等各个领域都发挥着重要作用。一方面，大数据收集和分析的技术为我们提供更精准服务；另一方面，由于大数据的开放性和共享性，个人信息泄密的风险也逐渐加剧。随意收集、非法获取、过度使用、非法买卖个人信息等行为侵扰人们的安宁生活，那么如何在保障大数据应用的同时有效防止个人信息的泄露呢？

一、个人信息有哪些

经常有不认识的人打电话推销，经常收到带有链接的诈骗短信，有人知道我的订单号，有人可以准确地报出我的身份信息，这到底是怎么回事？

我们的个人信息有哪些？

我们的个人信息主要包括：姓名、性别、年龄、身份证号码、电话号码、家庭住址等个人基本信息；网上银行账户、第三方支付账户、社交账户、电子邮件账户等账户信息；通信录信息、通话记录、短信记录等隐私信息，如聊天记录、个人视频、照片以及您的设备信息、社交关系信息、网络行为信息等。

二、个人信息是怎么泄露的

如果个人信息泄露，可能会导致财产损失、信用受损甚至身份被盗用等后果。要想知道怎么避免这些问题，我们先来了解一下都有哪些个人信息的泄露途径。

（一） 各类单据泄露个人信息

快递包装上的物流单含有网购者的姓名、电话、住址等信息，网友收到货物后不经意把快递单扔掉导致信息泄露；火车票实行实名制后，车票上印有购票者的姓名、身份证等信息，很多人在乘坐完火车后，会顺手丢弃火车票，不法分子一旦捡到，就可以通过读票仪器窃取车票中的个人信息；在刷卡购物的纸质对账单上，记录了持卡人的姓名、银行卡号、消费记录等信息，随意丢弃同样会造成个人信息泄露。

（二） 社交小细节泄露信息

使用微博、微信等社交工具与人进行线上互动时，不自觉透露姓名、职务、单位等信息；家长在朋友圈晒娃的同时，无意中透露了孩子的姓名、就读学校、所住小区；部分网友旅行发朋友圈打卡，晒火车票、登机牌时，忘了对身份证号码、二维码等敏感信息进行模糊处理……这些网上社交的小细节，都有可能出卖你的个人信息。

（三） App 权限过高泄露信息

在安装 App 时不仔细查看，一路点击"下一步"操作，可能会有部分 App 获取超过自身提供服务的权限，甚至全部权限，如用户手机中的通信录、位置轨迹、摄像头、话筒录音等权限常常要求被获取，导致不法 App 肆意窃取我们的信息。

（四） 网购平台泄露信息

网上购物平台需要注册信息，如手机号码，QQ 号码等。通过这些，不法分子可以从 QQ 资料、QQ 空间等渠道获得更多个人信息。

（五） 有奖活动泄露信息

在街上，人们有时候会碰到商家邀请参加"调查问卷表"、购物抽奖活动或者申请免费邮寄会员卡等活动，他们一般会要求路人填写详细联系方式和家庭住址等，这也会使自己的个人信息被泄露。

（六）海投简历泄露信息

大部分人找工作是通过网上投简历的方式进行的，而简历中的个人信息一应俱全，这些内容可能会被不法分子利用，以极低价格转手。不法分子可以通过这些私人信息赢得你的信任，对你进行诈骗。

（七）打印资料泄露信息

各类考试报名、参加网校学习班等，经常要复印个人身份证或者登记个人信息。一些打印店、复印店为了牟利，会将客户信息资料存档留底，然后转手卖掉。

三、如何避免信息泄露

（一）不要连接存在漏洞的风险 WiFi

公共场所中的一些免密 WiFi 可能是不法分子专门搭设的虚假"钓鱼"陷阱，使用一些不明"蹭网"App 的同时，也可能"出卖"了自己的个人信息。因此需提高警惕，避免不法分子利用风险 WiFi 漏洞造成我们的损失。

（二）不要轻易发布和透露个人信息

在社交平台发布日常动态是一些人的爱好，殊不知，一不小心可能泄露自己的个人信息，如晒车票、护照等泄露个人身份信息、使用"所在位置"功能泄露位置信息等，因此尽量避免在社交平台"说得太多"。

（三）不要参与不明网络小游戏

朋友圈中一些来源不明的测试小游戏，往往会先让我们填写自己的相关信息，如姓名、生日、手机号等，目的有可能是窃取你的个人信息。因此我们在参与此类活动前，要选择信誉可靠的网站认真核验对方的真实情况，不要贸然填写导致个人信息泄露。

（四）不要随意丢弃快递单、票据

不少人有随意丢弃快递单、火车票、取款凭条、信用卡对账单等习惯，然而这些票据上往往有姓名、手机号码、消费记录等信息，随意丢弃容易造成私人信息泄露。因此尽量不要随意丢弃，丢弃前最好先进行抹除等处理。

（五）不要忽视身份证复印件

当你需要提交给他人身份证复印件时，要在复印件上写上签注，内容应该包括 3 个方面，一是提供给哪个单位，二是提供的用途是什么，三是注明他用无效。身份证复印件要保管好，不用的或作废的要处理好，不能随意丢弃。

（六）不要下载不明软件

当你需要下载某类应用软件时，要从正规途径下载 App，如官网、手机应用市场等，在安装 App 时要谨慎授权，不要默认全部授予，与 App 本身功能无关的权限要点击拒绝。

（七）不要随意点击链接或扫描二维码

当收到短信或邮件中有链接时，不要点击没有明确安全来源的链接，上网浏览时不要点击任何可疑的广告弹窗，也不要扫描来历不明的二维码。

【拓展阅读】

如果我无意中获得了他人泄露的个人信息，该怎么办？会涉嫌违法犯罪吗？无意中获知的他人个人信息我们要小心谨慎地对待，不可随意传播或利用。要知道故意泄露、提供、出售、购买他人个人信息均属于违法行为！

出售本人个人信息属于违法行为吗？出售银行卡、U盾、手机卡轻松赚取外快，这样的"好事"可不要轻信，有可能就触犯了法律，成为犯罪分子的帮凶，还会带来牢狱之灾。

【案例】

2023年5月，浙江宁波公安机关在侦办一起网络诈骗案件时发现，诈骗分子掌握大量公民个人信息。经查，李某等成立某网络传媒有限公司，联系"网红"在某平台直播间带货页面以低价销售"网红教学素材"为诱饵，骗取用户购买商品并提供个人信息，进而将相关信息出售给下游诈骗团伙。诈骗团伙利用受害人不了解网络直播行业但急迫希望成为"网红"赚钱的心理，对受害人开展精准营销，出售虚假直播培训课程，并许诺为其直播间提升粉丝数量，骗取大量受害人的培训费、服务费等费用。2023年6月，宁波公安机关开展集中收网，抓获犯罪嫌疑人12名，并顺线打掉下游直播培训诈骗团伙，涉案金额560余万元。[1]

【案例】

2023年2月，福建龙岩公安机关接到大量群众举报，称购买新房后收到大量装修建材类营销骚扰电话。经查，龙岩某房地产公司员工利用职务便利，非法获取并向郭某等出售大量业主信息，郭某再将上述信息分别转卖至建材家居、装修设计等公司，相关公司雇用人员或违规使

---

〔1〕《公安部发布打击侵犯公民个人信息犯罪十大典型案例》，载中华人民共和国公安部官网，https：//www.mps.gov.cn/n2254098/n4904352/c9148603/content.html，最后访问日期：2024年9月20日。

用外呼系统拨打骚扰电话进行精准营销。此外，相关公司还将工作中掌握的公民个人信息相互交换、转卖。2023 年 3 月，龙岩公安机关开展集中收网，抓获犯罪嫌疑人 14 名（其中房地产行业工作人员 1 名），涉案金额 30 余万元。此外，龙岩公安机关对该案启动"一案双查"，依法对相关单位和个人予以行政处罚。[1]

【案例】

自 2020 年 5 月以来，被告人吴某某与他人使用非法收购的支付宝账户、身份证等购买域名并搭建虚假的 ETC 速通卡客服网站，后向车主发送内容为"您的 ETC 速通卡验证已过时，为避免影响您的通行，请及时更新验证，点某某域名办理"的手机短信。

吴某某等利用被害人点击进入虚假网站填写的身份证号码、手机号码、银行卡号码和验证码，盗刷车主银行卡内资金 4 万余元，被告人李某某参与盗刷资金 2 万余元。

为实施"钓鱼网站"等违法犯罪行为，吴某某和李某某还非法购买公民手机号码等个人信息共计 17 万余条。被告人吴某 2、吴某 3、沈某某明知吴某某利用信息网络实施犯罪，为谋取利益仍将自己及他人的银行卡、支付宝等支付结算账户共计 21 个提供给吴某某，用于购买"钓鱼网站"域名等信息网络犯罪活动，相关账户资金交易流水巨大。

法院认为，被告人吴某某等以非法占有为目的，盗窃他人财物，数额较大，已构成盗窃罪；非法获取公民个人信息，情节特别严重，已构成侵犯公民个人信息罪；被告人吴某 2、吴某 3 等明知他人利用信息网络实施犯罪，仍为其提供帮助，情节严重，构成帮助信息网络犯罪活动罪。

最终判决，被告人吴某某犯盗窃罪、侵犯公民个人信息罪，数罪并罚，决定执行有期徒刑 4 年 4 个月，并处罚金人民币 6 万元；被告人李某某犯盗窃罪、侵犯公民个人信息罪，数罪并罚，决定执行有期徒刑 3 年 6

---

〔1〕《公安部发布打击侵犯公民个人信息犯罪十大典型案例》，载 https：//www.mps.gov.cn/ n2254098/n4904352/c9148603/content.html，最后访问日期：2024 年 9 月 20 日。

个月，并处罚金人民币 37 000 元；被告人吴某 2 犯帮助信息网络犯罪活动罪，判处有期徒刑 1 年 2 个月，并处罚金人民币 15 000 元；被告人吴某 3 犯帮助信息网络犯罪活动罪，判处有期徒刑一年二个月，并处罚金人民币 15 000 元；被告人沈某某犯帮助信息网络犯罪活动罪，判处有期徒刑 6 个月，宣告缓刑 1 年，并处罚金人民币 5000 元。[1]

【案例】

2020 年 2 月，被告人黄某在明知他人利用信息网络实施犯罪的情况下，仍出售其名下中国工商银行银行卡、U 盾、手机卡给余某使用，非法获利人民币 2000 元。该卡于 2020 年 2 月 16 日流入资金 139 笔，共计 41.89 万元。2023 年 1 月 18 日，被告人黄某被抓获归案。2024 年 1 月 17 日，黄某退出违法所得 2000 元。

经法院审理认为，被告人黄某明知他人利用信息网络实施犯罪，仍为他人犯罪提供支付结算的帮助，情节严重，其行为构成帮助信息网络犯罪活动罪。归案后，黄某能如实供述犯罪事实，可从轻处罚，且认罪认罚，可从宽处罚，同时退缴全部违法所得，可酌定从轻处罚。据此，福建省泰宁县人民法院判决审被告人黄某犯帮助信息网络犯罪活动罪，判处拘役 2 个月，并处罚金人民币 2000 元。[2]

【案例知识链接】

《中华人民共和国刑法》

第二百八十七条之一　【非法利用信息网络罪】利用信息网络实施下列行为之一，情节严重的，处三年以下有期徒刑或者拘役，并处或者单处罚金：

（一）设立用于实施诈骗、传授犯罪方法、制作或者销售违禁物

---

〔1〕《吴某某等盗窃、侵犯公民个人信息、帮助信息网络犯罪活动案》，载 https://rmfyalk.court.gov.cn，入库编号：2023-05-1-221-006，最后访问日期：2024 年 9 月 20 日。

〔2〕《出售银行卡贪小利 男子因帮信罪被判刑》，载 https://www.chinacourt.org/article/detail/2024/06/id/7974880.shtml，最后访问日期：2024 年 9 月 20 日。

品、管制物品等违法犯罪活动的网站、通讯群组的；

（二）发布有关制作或者销售毒品、枪支、淫秽物品等违禁物品、管制物品或者其他违法犯罪信息的；

（三）为实施诈骗等违法犯罪活动发布信息的。

单位犯前款罪的，对单位判处罚金，并对其直接负责的主管人员和其他直接责任人员，依照第一款的规定处罚。

有前两款行为，同时构成其他犯罪的，依照处罚较重的规定定罪处罚。

第二百八十七条之二　【帮助信息网络活动罪】明知他人利用信息网络实施犯罪，为其犯罪提供互联网接入、服务器托管、网络存储、通讯传输等技术支持，或者提供广告推广、支付结算等帮助，情节严重的，处三年以下有期徒刑或者拘役，并处或者单处罚金。

单位犯前款罪的，对单位判处罚金，并对其直接负责的主管人员和其他直接责任人员，依照第一款的规定处罚。

有前两款行为，同时构成其他犯罪的，依照处罚较重的规定定罪处罚。

【拓展阅读】

国家在持续依法重拳打击治理侵犯公民个人信息违法犯罪行为的同时，也采取了一系列措施来帮助我们更好地保护个人信息。

设置国家网络安全宣传周：将围绕金融、电信、电子政务、电子商务等重点领域和行业网络安全问题，针对社会公众关注的热点问题，举办网络安全体验展等系列主题宣传活动，营造网络安全人人有责、人人参与的良好氛围。

开展净网行动：是全国"扫黄打非"工作小组办公室、国家互联网信息办公室、工业和信息化部、公安部等多个部门联合开展的一项重要行动，旨在依法严厉打击利用互联网制作、传播淫秽色情信息及其他违法有害信息的行为，维护网络空间的安全和清朗。全国公安机关依托"净网2023"专项行动，侦办网络谣言类案件4800余起，依法查处造谣传谣人员6300余名，依法关停违法违规账号3.4万个；依托"夏季行动"和"净网2023"专项行动，共查处网络暴力违法犯罪案件110起，刑事打击112人，行政处罚96人，批评教育472人，指导重点网站平台阻断删除涉网络暴力信息2.7万条，禁言违规账号500余个，为我们构建了一个更加安全、清朗、有序的网络空间。

开展2021年"清朗"系列专项行动：是由中华人民共和国国家互联网信息办公室自2021年起部署开展的一系列专项行动，旨在集中时间和力量解决群众反映强烈的问题，提高人民群众的幸福感和获得感。这些行动包括但不限于打击网络直播、短视频领域的乱象，整治MCN机构信息内容乱象，打击网络谣言，以及针对未成年人的网络环境整治等。通过这些专项行动，国家互联网信息办公室努力营造清朗的网络空间，保护未成年人免受不良信息的影响，并严厉打击各类网络违法违规行为，以维护良好的网络生态。

发布国家反诈App："国家反诈中心"App由公安部刑事侦查局组织开发，旨在帮助用户维护电信网络安全，为用户建立电信网络涉案举报渠道，增强防范宣传，致力于构建良好的电信网络环境，坚决严密保护公民隐私安全，严格遵照《中华人民共和国网络安全法》及相关法律法规的规定，同时通过合理有效的信息安全技术及管理制度，防止用户信息泄露或被篡改，保证个人信息安全无虞。

思考题

如果捡到他人身份证该怎么办？

第三节　文明上网，人人参与

正确使用网络工具，文明上网、健康上网、适度上网，营造一个文明、安全、绿色的网络环境，需要我们的共同努力。

一、小心不良网站陷阱

要提高对黄色网站、暴力和淫秽色情信息、不良网络游戏等危害性的认识，增强对不良信息的辨别能力，主动拒绝不良信息。不浏览、不制作、不传播不良信息，不登录不健康网站，不玩不良网络游戏，防止网络沉迷和受到不良影响。我们也鼓励大家在使用互联网和手机过程中，遇有不良网站链接和不良信息特别是淫秽色情信息传播时，及时举报。

二、遵守网络道德规范

我们要学习网络道德规范，懂得基本的对与错、是与非，增强网络道德意识，分清网上善恶美丑的界限，激发对美好的网络生活的向往和追求，形成良好的网络道德行为规范。在网上交流的过程中，要诚实友好，不说脏话，不攻击、谩骂、侮辱或欺诈他人，交流内容要健康向上。在发表个人议论时，表达要得当，不能出现有辱人格、有损国格或其他不当言论。

三、争做网络安全的卫士

我们要了解网络安全的重要性，合法、合理地使用网络资源，增强网络安全意识，监督和防范不安全的隐患，维护正常的网络运行秩序。

上网时要增强自我保护意识，提高明辨是非的能力。不能偏听偏信，上网时不轻信网上言论，不泄露个人信息，不回复不明提问，更不能随意约见网友。上网时要自觉遵守网络规则，维护网络安全。不翻看他人邮件，不侵入他人电脑，窃取机密。更不能利用病毒等手段破坏他人程序、数据等。自觉抵制网络不法行为，慎交网友，懂得在网络环境下维护自身合法权益。

四、积极参与网络实名认证

我们在网络平台上要使用真实身份信息，这样有助于建立更加真实、可信的社交环境。每个人在发表言论或进行网络活动时，都会因为身份的明确而更加审慎，从而减少不负责任的言论和行为。发表观点时，会更多地考虑其社会影响，避免使用攻击性、侮辱性的语言，从而促进网络文化的健康发展。同时，实名认证也为执法部门追踪网络犯罪提供了有力线索。当不法分子在网络上进行违法活动时，实名认证信息能迅速锁定嫌疑人，有效打击网络诈骗、谣言传播、恶意攻击等犯罪行为。

五、主动开启"防沉迷""青少年模式"

家中有儿童或青少年自己，在观看电影、使用 App、游玩网络游戏时要主动开启"防沉迷"或"青少年模式"。通过技术手段和政策引导，对时段、时长、功能和内容等方面进行限制和规范，为未成年人营造一个更加健康、安全的网络环境。此外，网络防沉迷机制往往与家长监控功能相结合，让家长能够实时了解孩子的网络使用情况，包括游戏时间、浏览内容等，从而进行更加有效的引导和监督。

六、注意并尊重知识产权

首先，我们要充分认识知识产权保护的重要性。每一篇文章、每一张图片、每一段视频背后，都凝聚着创作者的心血和汗水。在浏览网页、观看视频、分享内容时，要确保所分享的内容已获得原作者的许可或属于开放使用的范畴。在下载软件、音乐、电影等资源时，要选择正规渠道，抵制盗版和非法下载行为。并且当发现侵犯知识产权的行为时，不要视而不见或默许其存在。应勇于站出来，通过合法途径向相关部门举报，协助打击侵权行为，共同维护网络环境的健康与秩序。

七、不参与网络霸凌

我们要从自身做起，不参与任何形式的网络霸凌行为。遇到不满或争议时，应通过理性、和平的方式表达意见。当发现身边有网络霸凌行为时，不应保持沉默或视而不见，我们可以通过举报、留言劝阻等方式，向受害者表达支持，向施暴者传递反对的信号。对于受到网络霸凌的受害者，我们应给予他们关爱和支持，鼓励他们勇敢面对并寻求专业帮助。同时，我们也可以通过分享反霸凌资源、参与相关公益活动等方式，为减少网络霸凌贡献自己的力量。

八、提升素养诚信上网

我们在发表言论、分享信息时，要确保内容的真实性。不编造谣言，不传播未经核实的信息，以免误导他人或造成不必要的恐慌和混乱。不随意泄露个人及他人的隐私信息。遵守网站和平台的使用规则，不从事违法违规活动，如网络诈骗、侵犯版权等，共同维护网络秩序和安全。当遇到网络不诚信行为时，要通过合法途径向相关部门举报。同时，积极参与网络诚信建设活动，传播诚信理念，用自己的行动影响和

带动周围的人，共同营造一个风清气正的网络空间。

网络在我们面前展示了一幅全新的生活画面，同时，美好的网络生活也需要我们用自己的美德和文明共同构筑。从我做起，从现在做起，做到合理上网、守法上网、文明上网。

【拓展阅读】

《文明上网自律公约》（由中国互联网协会发布）：

自觉遵纪守法，倡导社会公德，促进绿色网络建设；

提倡先进文化，摒弃消极颓废，促进网络文明健康；

提倡自主创新，摒弃盗版剽窃，促进网络应用繁荣；

提倡互相尊重，摒弃造谣诽谤，促进网络和谐共处；

提倡诚实守信，摒弃弄虚作假，促进网络安全可信；

提倡社会关爱，摒弃低俗沉迷，促进少年健康成长；

提倡公平竞争，摒弃尔虞我诈，促进网络百花齐放；

提倡人人受益，消除数字鸿沟，促进信息资源共享。

思考题

上网时是从免费网站下载破解软件使用还是从正规渠道购买并使用正版软件？

推荐书目

1. 《网络犯罪二十讲》，喻海松，法律出版社 2018 年版。

2. 《网络犯罪识别与防控》，邵彦铭等，中国民主法制出版社 2019 年版。

推荐电影

1. 《第四公民》（2014 年），［美］劳拉·珀特阿斯执导。

2. 《零日》（2016 年），［美］亚历克斯·吉布尼执导。